Cuaderno de trabajo
de Los Cuatro Acuerdos

Otras obras del mismo autor

LOS CUATRO ACUERDOS
Una guía práctica para la libertad personal

LA MAESTRÍA DEL AMOR
Una guía práctica para el arte de las relaciones

ORACIONES
Una comunión con nuestro Creador

Utiliza los Cuatro Acuerdos para gobernar el sueño de tu vida

Un libro
de la

Cuaderno de trabajo de Los Cuatro Acuerdos

sabiduría
tolteca

don Miguel Ruiz
con Janet Mills

Traducción de Luz Hernández

Amber-Allen Publishing
San Rafael, California

Publicado por Amber-Allen Publishing, Inc.
P.O. Box 6657, San Rafael, California 94903

Título original: *The Four Agreements Companion Book*
Arte de funda: Nicholas Wilton, Studio Zocolo
Diseño de funda: Michele Wetherbee
Fotografía del autor: Ellen Denuto

Library of Congress Cataloging-in-Publication Data
Ruiz, Miguel, 1952– [The four agreements companion book. Spanish]
Cuaderno de trabajo de Los Cuatro Acuerdos/Miguel Ruiz, Janet Mills.
traducción de Luz Hernández p. cm. -- (Un libro de la sabiduría tolteca)
1. Conduct of life — Toltec philosophy — Miscellanea.
I. Mills, Janet 1953– II. Title.
BJ1585.R7918 2002 2002027800
299'.792 — dc21 CIP

ISBN 1-878424-67-X
Impreso en el Canadá en papel no ácido
Distribuído por Publishers Group West

10 9 8 7 6 5 4 3 2 1

Dedicatoria

Creo en los ángeles. Ángel significa mensajero. Dedico este libro a los ángeles de apariencia humana que reparten un mensaje de amor en vez de miedo, superstición y veneno emocional.

Se lo dedico a todos los profesores, desde los de educación preescolar hasta los de los cursos para posgraduados; a todos los que enseñan a vivir de una manera mejor. También a todos los artistas, los escritores, los líderes, los directores cinematográficos y los profesionales de los medios de comunicación que, con el fin de mejorar la vida de los seres humanos, se comparten a sí mismos con generosidad en vez de egoísmo. Asimismo dedico este libro a todos los padres que enseñan a sus hijos a ser sinceros y compasivos, y a cualquiera que ame y respete a todos los seres humanos del mundo.

Índice

Índice

Ideas prácticas

Nota

Si ha transcurrido algún tiempo desde la última vez que leyó *Los Cuatro Acuerdos*, puede ser aconsejable que lea el glosario abreviado en la página 225, donde incluimos una lista de términos con sus definiciones, para su comodidad.

Para evitar el uso exclusivo del género masculino cuando hacemos mención de lectores varones o mujeres, en este libro hemos utilizado al azar pronombres masculinos y femeninos. En todo caso, las referencias a personas hechas en el género masculino se extienden también al género femenino cuando es pertinente.

Los Cuatro Acuerdos

1 Sé impecable con tus palabras

Habla con integridad. Di solamente lo que quieres decir. Evita hablar contra ti mismo y chismorrear sobre los demás. Utiliza el poder de tus palabras para avanzar en la dirección de la verdad y el amor.

2 No te tomes nada personalmente

Lo que los demás dicen y hacen es una proyección de su propia realidad, de su propio sueño. Nada de lo que hacen es por ti. Cuando seas inmune a las opiniones y los actos de los demás, dejarás de ser la víctima de un sufrimiento innecesario.

3 No hagas suposiciones

Encuentra la valentía necesaria para preguntar y expresar lo que realmente quieres. Comunícate con los demás tan claramente como puedas a fin de evitar malentendidos, tristeza y dramas. Sólo con este acuerdo, transformarás tu vida por completo.

4 Haz siempre lo máximo que puedas

Lo máximo que puedas hacer cambiará de un momento a otro; será distinto cuando estés sano que cuando estés enfermo. Bajo cualquier circunstancia, haz sencillamente lo máximo que puedas, y de este modo evitarás juzgarte, maltratarte y lamentarte.

Cuaderno de trabajo
de Los Cuatro Acuerdos

Integridad. 1. calidad de estar completo; condición de entero; totalidad. 2. calidad de estar intacto, en perfectas condiciones; solidez. 3. calidad o estado de probidad caracterizado por unos principios morales; rectitud, honestidad y sinceridad.

Introducción

Tres maestrías, cuatro acuerdos

Las palabras son como semillas, y la mente humana es muy fértil, pero sólo para el tipo de semillas para el cual está preparada.

LA PRIMERA VEZ QUE LEES *LOS CUATRO ACUERDOS*, una parte de ti sabe que ya has oído esos conceptos con anterioridad o que los has experimentado en tu vida, aunque tal vez no de un modo tan simple.

Al leerlo, descubres que los seres humanos creamos miles de acuerdos porque nos lo tomamos todo personalmente, y también que estos acuerdos se basan, principalmente, en suposiciones; al actuar de este modo, empleamos el poder de nuestras palabras contra nosotros mismos. Utilizamos toda nuestra capacidad creativa para engendrar un sueño que nos traerá sufrimiento el resto de nuestra vida.

Los Cuatro Acuerdos constituyen una herramienta para la transformación que nos impulsa a dejar de juzgar a los demás y principalmente a dejar de juzgarnos a nosotros mismos, y a empezar a practicar otra forma de vida. Nos llevan a acabar con el sentimiento de culpabilidad, la vergüenza y el autorrechazo; nos ayudan a romper los acuerdos que limitan la expresión de nuestra creatividad y a reemplazarlos por otros que facilitan la expresión de nuestro amor.

Con *Los Cuatro Acuerdos* mi intención fue la de crear un mensajero capaz de acceder a la imaginación de los lectores con el fin de cambiar su punto de vista. Si has practicado estos acuerdos, ya sabes lo que es posible conseguir con ellos. Tienen la capacidad de entrar directamente en tu sistema de creencias, en esos miles de acuerdos que estableciste contigo mismo, y generar una duda. Y como si fuese por obra de magia, porque son mágicos, los Cuatro Acuerdos liberan lentamente la fe que está atrapada dentro de tu sistema de creencias. Poco a poco recobras tu integridad, y tu verdadero yo empieza a despertar.

Los Cuatro Acuerdos son como un mapa que te indica los diferentes caminos por los que puedes llegar a tu destino. Su simplicidad es lo que hace que resulte tan sencillo utilizarlos en tantas direcciones. Pero el mapa constituye sólo una mitad. Tú eres la otra. En cualquier relación existen dos mitades. El libro, el mensajero, es una mitad de la relación, pero tú eres la otra, y ahí es donde reside la belleza de esta relación: en tu mitad.

Si tienes un objetivo y utilizas este mensajero como si se tratase de tu guía, lo alcanzarás. Con *Los Cuatro Acuerdos* aprenderás a sanar tu cuerpo emocional. Puedes utilizarlos para cambiar tu sistema de creencias y concebir otro completamente nuevo. También puedes emplearlos para sanar tu matrimonio y las relaciones que tienes con tus amigos y tus compañeros de trabajo, y para mejorar tu vida en todos los aspectos.

Pero como se trata de un mapa, para empezar tienes que ser consciente del lugar en el que te encuentras ahora y de dónde quieres estar.

Hace miles de años, los toltecas crearon tres maestrías para alejarnos del sufrimiento y conducirnos de nuevo a nuestra verdadera naturaleza: la felicidad, la libertad y el amor. Nos animaron a vernos a nosotros mismos con sinceridad y crearon una maestría sólo para la conciencia. Esta primera maestría, **la Maestría de la Conciencia,** es el primer paso hacia la libertad personal, porque no podemos ser libres si no sabemos qué somos, dónde estamos o qué tipo de libertad buscamos. En esta maestría, cobramos conciencia de la bruma que existe en nuestra mente. Cobramos conciencia de que estamos soñando siempre y de que todo el mundo hace lo mismo. La Maestría de la Conciencia también puede llamarse «Maestría de la Verdad».

La segunda maestría tolteca, **la Maestría de la Transformación,** nos enseña a cambiar el sueño de nuestra vida. El objetivo de esta segunda maestría es el de poner orden en el caos del *mitote* — en todas las voces que ocupan nuestra mente — a fin de enfrentarnos a nuestros miedos, transformarlos y obtener resultados. El resultado que queremos conseguir es la libertad de vivir nuestra vida en lugar de la vida del Parásito o del sistema de creencias. La Maestría de la Transformación se consigue cambiando nuestros acuerdos y reprogramando nuestra mente a nuestra manera. Los Cuatro Acuerdos son un resumen de la Maestría de la Transformación.

El resultado de estas dos maestrías es una mente libre del Parásito, y esa es la tercera maestría, **la Maestría del Amor,** o **la Maestría del Propósito.** Desde el punto de vista tolteca, el amor o el propósito es esa parte de la vida que hace que la transformación de la energía sea posible. Es la Vida misma; es el amor incondicional. Todo está hecho con amor porque todo proviene de Dios o de la Vida. Cuando nos hacemos maestros en el amor, gobernamos el sueño de nuestra vida, y cuando llegamos a dominar las tres maestrías, reclamamos nuestra divinidad y nos convertimos en uno con Dios. Entonces, cada acción que emprendemos es una expresión del Ser Único. Este es el objetivo de los toltecas.

Para aquellos de ustedes que quieren explorar la tercera maestría, he escrito un libro titulado *La Maestría del Amor*, en el cual se muestra la apariencia que tiene un sueño basado en el amor. La Maestría del Amor es el resultado de las dos primeras maestrías y nos enseña una manera mejor de vivir, nos enseña a vivir con amor. Pero, de momento, no vamos a centrarnos en la tercera maestría. El tema de este libro son las dos primeras maestrías.

El énfasis de la primera parte de este cuaderno de trabajo, antes de empezar a hablar sobre la aplicación de los Cuatro Acuerdos, se asienta en la conciencia. ¿De qué queremos ser conscientes? En esta primera parte nos centraremos en tres cosas:

1. *El sufrimiento del ser humano empieza con la domesticación.* Cuando somos niños otras personas captan nuestra atención y nos enseñan a soñar de la forma en

la que lo hace la sociedad. Así es como se utiliza nuestra atención por primera vez y se crea el primer sueño de nuestra vida.

2. *Los seres humanos tenemos la capacidad de crear, pero invertimos nuestro poder creativo en nuestras creencias.* El poder de nuestras palabras, que es lo mismo que nuestro propósito, nuestra voluntad, nuestra fe y nuestro amor, está atrapado en el interior de una rígida estructura de creencias. Esto limita enormemente nuestro poder para cambiar el sueño.

3. *La función de la mente humana es la de soñar, pero hemos aprendido a soñar sin ser conscientes de ello.* Una vez que somos conscientes de que estamos soñando, nos despertamos y entonces recuperamos nuestro poder de cambiar el sueño siempre que escojamos hacerlo.

Cuando descubrimos que tenemos el poder de crear el sueño del cielo, queremos cambiar nuestro sueño, y los Cuatro Acuerdos constituyen la herramienta perfecta para conseguirlo.

En la segunda parte de este cuaderno de trabajo exploraremos distintas maneras de convertirnos en maestros del arte de soñar:

4. *Utilizar la voluntad y la atención por segunda vez.* En el sueño de la segunda atención, escoges creer lo que tú quieres creer, y eso incluye creer en ti mismo.

5. *Utilizar los Cuatro Acuerdos para cambiar tus acciones y reacciones.* Cada elección que haces tiene una consecuencia o un resultado. Cuando cambias la acción, cambias el resultado y cambias el sueño de tu vida.

6. *Utilizar el apego y el desapego a fin de rendirte al ángel de la muerte.* El ángel de la muerte te enseña a vivir en el momento presente en vez de hacerlo en el pasado o en el futuro. Cuando tu atención se centra en el momento presente, disfrutas de la vida con más intensidad porque estás plenamente vivo.

Este cuaderno de trabajo te brindará más información sobre las dos primeras maestrías, pero por sí sola la información no es suficiente, no es más que una semilla en tu mente. Lo que cambiará las cosas de verdad es la acción. Si practicas los Cuatro Acuerdos, acabarás siendo un maestro en ellos. Con el tiempo, tras muchas repeticiones, estos acuerdos se convertirán en un hábito y comprobarás de qué modo transformarán tu vida.

Existe una bella historia en la que Jesús explica a sus discípulos que sus palabras son como semillas. Él envía sus semillas a todas partes, pero algunas caen sobre las rocas y nunca llegan a crecer. Otras caen en una tierra fértil en la superficie, pero dura por debajo; estas semillas llegan a brotar, aunque pronto mueren. Después están las semillas que caen sobre una tierra que es muy fértil y crecen con fuerza hasta convertirse en grandes árboles. Conocerás al árbol por sus frutos.

Adoro esta metáfora. Es maravilloso ver cuántas personas que han practicado los Cuatro Acuerdos han crecido para convertirse en árboles que dan fruto. Sólo imagínate que hubiera la posibilidad de vivir en una sociedad en la que los Cuatro Acuerdos fuesen un hábito para todas las personas, su manera de expresar la Vida. Imagínate viviendo en una sociedad en la que todo el mundo practicase el amor hasta convertirse en maestro del amor. Ocurrirá; es sólo una cuestión de tiempo. Ya existe un nuevo sueño en este mundo que está listo para ser soñado por los seres humanos, libres del Parásito. El sol ya ha cambiado; la luz ha cambiado. Sólo necesitamos a seres humanos que sueñen el nuevo sueño.

Utilizando los Cuatro Acuerdos en nuestra vida modificamos nuestro sueño personal, y pronto nuestro nuevo sueño modificará el sueño externo. No es necesario que intentemos modificar activamente el sueño externo. Ese será el resultado natural de nuestra propia transformación.

Decidir centrarnos en nuestra propia libertad no es un acto de egoísmo; es el mayor regalo que podemos brindarle a la humanidad.

Primera Parte

La Maestría de la Conciencia

I

La domesticación

El sufrimiento del ser humano empieza con la domesticación.

Durante el proceso de domesticación, nos formamos una imagen mental de la perfección con el fin de tratar de ser lo suficientemente buenos. Creamos una imagen de cómo deberíamos ser para que los demás nos aceptaran, pero no nos ajustamos a esta imagen.

EL SUFRIMIENTO Y EL DRAMA QUE EXPERIMENTAS EN tu vida son el resultado de lo que has aprendido. Todo lo que aprendes está vivo. La imagen que tienes de ti mismo está viva y vive en tu mente. Esa imagen no eres tú, pero utilizará todo lo que perciba para justificar su propia existencia. No eres tú, pero te está comiendo vivo y está destruyendo tu felicidad.

La voz del conocimiento que reside en tu mente controla el sueño de tu vida. Los toltecas la denominan el *Parásito;* la Biblia la llama *el diablo.* Es un ser vivo que existe en tu sistema de creencias y se alimenta de tu fe, de tu propósito, de tu felicidad. Lo más triste es que te crees que ese conocimiento eres tú; crees que *esa imagen* eres tú. El programa, o el Parásito, es quien realmente está viviendo tu vida, no tú. Pero este programa no estaba ahí cuando naciste.

Cuando naciste, tu mente era completamente inocente. No tenías conceptos sobre lo que era bueno o malo, correcto o incorrecto, bello o feo; no tenías ninguna clase de conceptos. No sabías lo que significaba ser un humano, ser un hombre o una mujer, pero viste a otras personas en el exterior y las reconociste como tu propia especie.

Cuando sólo tienes uno, dos o tres años, no eres capaz de verte a ti mismo. La única manera de verte a ti mismo es mirando tu reflejo en un espejo, y otras personas desempeñan ese papel. No sabes lo que eres, pero tu madre te lo dice, tu padre te lo dice y tus hermanos y hermanas hacen lo mismo. Los seres humanos que te rodean tienen la capacidad de proyectar una imagen en ti, y eso significa que te dicen lo que *ellos creen* que eres.

Lo que tu madre te dice que eres no es exactamente lo que te dice tu padre, ni lo que tus hermanos, la televisión, la iglesia o la sociedad entera te dicen que eres. Todos los seres humanos que se relacionan contigo proyectan una imagen completamente diferente en ti, pero ninguna de esas imágenes es exacta. Lo que crees que eres no es más que una imagen distorsionada de ti mismo que proviene de otras personas: de espejos que siempre distorsionan las imágenes. Dado que no puedes verte a ti mismo, crees lo que te dicen los demás y les das la razón. Tan pronto como estás de acuerdo con ellos, la imagen se programa en tu memoria y entonces crees que eso es lo que eres.

¿Cuáles fueron las imágenes que otras personas proyectaron en ti? Cuando dices: «Soy listo, soy estúpido, soy guapo, soy feo», quien realmente está diciendo «soy» es el programa. Estas imágenes son sólo un conocimiento o una serie de conceptos, pero no son tú.

Percibes las imágenes distorsionadas que otras personas crean para ti, y en un momento determinado, tomas todas esas imágenes e intentas darles un sentido. Creas otra imagen completa de ti mismo y la proyectas al mundo exterior: «Soy un buen estudiante; no valgo para los deportes». Entonces practicas esa imagen hasta que la dominas a la perfección. Y como la gente proyecta distintas imágenes en ti, siempre les haces preguntas sobre ti mismo. Les pides proyecciones que apoyen lo que ya crees, que confirmen las imágenes distorsionadas que tienes de ti mismo.

De la misma manera, otras personas proyectan sus creencias sobre ti, creencias que, mediante tu acuerdo, se convierten en tuyas. Los demás te enseñan a juzgar, a chismorrear y a crear dramas tal como ellos lo hacen. Empiezas a jugar con todos esos conceptos, con todo ese conocimiento, y así es como aprendes a soñar.

Los toltecas denominan a este sueño «el sueño de la primera atención», porque utilizaste tu atención a fin de crear una realidad completa por primera vez. Y dado que tu atención fue captada desde el exterior, todo tu mundo se proyecta hacia el exterior. Empiezas a buscarte a ti mismo en el exterior porque ya no confías en quién eres. Buscas lo que crees que no tienes: justicia, belleza, felicidad y amor, cuando todas estas cosas estuvieron siempre dentro de ti.

¿Puedes ver el inicio del sufrimiento y el drama que experimentas en tu vida? Necesitas un espejo en el mundo para verte a ti mismo, pero no existe un espejo diáfano que sea capaz de decirte qué eres. De modo que te avienes a la imagen que otros han creado para ti, pero no eres esa imagen. Por supuesto, puedes modificarla, y de hecho, la cambias continuamente, pero ¿dónde está tu verdadero yo? Se pierde porque no existe un buen espejo que refleje lo que verdaderamente eres.

Al final, tras pasar muchos años intentando adaptarte a las imágenes de otras personas sobre lo que deberías ser, tras probar distintos tipos de rebelión y hacer el intento de descubrir quién eres verdaderamente, acabas por rendirte y aceptar las imágenes de los demás sobre lo que eres. Pero hay algo en tu interior que anhela ser libre, algo que te dice sin parar: «Esto no es lo que realmente soy. Esto no es lo que realmente quiero». No eres libre de ser quien realmente eres porque estás atrapado por las imágenes de lo que crees que deberías ser.

El punto de vista que tienes sobre toda tu realidad se basa por entero en lo que crees que eres; sin embargo, lo que crees sobre ti mismo es sólo un concepto. Es conocimiento, pero esto no significa que sea verdad. Sólo significa que es lo que tú sabes.

IDEA PRÁCTICA PARA LA MAESTRÍA DE LA CONCIENCIA. LA IMAGEN DE LA PERFECCIÓN

Los acuerdos más importantes son los que has hecho contigo mismo. En ellos te has dicho quién eres, qué sientes, qué crees y cómo debes comportarte.

¿Eres consciente de todas las imágenes distorsionadas que tienes de ti mismo? ¿Cuáles son las imágenes que otras personas proyectaron en ti cuando eras niño? ¿Qué *acordaste creer* sobre ti mismo? Examina cualquier acuerdo que te diga lo que puedes y no puedes hacer, lo que puedes y no puedes ser y lo que puedes y no puedes tener.

Esta idea práctica te ayudará a ser consciente de los acuerdos que has establecido contigo mismo y a recuperar la conciencia de tu verdadero yo. El objetivo es que te vuelvas consciente de cualquier acuerdo que limite la expresión de tu creatividad, tu felicidad o tu amor.

Intenta traer a tu memoria los primeros recuerdos de lo que tu madre, tu padre y tus otros familiares más próximos te dijeron sobre ti mismo. Después, considera lo que otras personas ajenas al círculo familiar proyectaron en ti: amigos, profesores, etcétera, que hayan ejercido una influencia sobre ti.

Presta atención a la respuesta emocional que experimentas con cada una de las preguntas que aparecen más abajo. ¿Qué acuerdos provienen del miedo y qué otros provienen del amor? Anota tus pensamientos y las respuestas a estas preguntas en una libreta o un diario.

¿Cuáles fueron las imágenes que otras personas proyectaron en ti?

De niño me dijeron que era...

¿Qué limitaciones te dijeron que tenías?

Me dijeron que mis limitaciones eran...

En tu infancia, ¿qué te dijeron otras personas que significaba ser un niño o una niña?

Me dijeron que las niñas siempre deberían...

Me dijeron que los niños siempre deberían...

¿Encajabas en la imagen ideal de lo que significaba ser una niña o un niño?

¿Cuáles son tus creencias actuales sobre lo que significa ser una mujer o ser un hombre?

Creo que una mujer siempre debería...

Creo que un hombre siempre debería...

Haz una lista de todas las cualidades personales y físicas que te dijeron que deberías tener.

Me dijeron que debería ser...

Haz una lista de las cualidades que crees tener.

Creo que soy...

Haz una lista de todas las cualidades que, en tu opinión, otras personas creen que tienes.

Creo que otras personas creen que soy...

Haz una lista de todas las cualidades de las que crees carecer, pero que desearías tener.

Desearía ser...

Nuestra imagen de la perfección es la razón por la cual nos rechazamos a nosotros mismos; es la razón por la cual no nos aceptamos tal como somos y la razón por la cual no aceptamos a los demás tal como son.

Describe tu imagen de la perfección. ¿Cuál sería tu apariencia? ¿Qué tipo de personalidad tendrías?

Mi imagen de la perfección es...

¿Qué tendrías que cambiar en ti mismo a fin de vivir de acuerdo con esa imagen?

A fin de alcanzar mi imagen de la perfección tendría que...

¿Estás dispuesto o eres capaz de hacer estos cambios? ¿Por qué sí o por qué no?

¿Sería humanamente posible para ti alcanzar esta imagen de la perfección? ¿Por qué sí o por qué no?

Esta imagen de la perfección, ¿te inspira a hacer lo máximo que puedes o sólo te desanima?

También juzgamos a los demás según nuestra propia imagen de la perfección, y naturalmente, no cumplen nuestras expectativas.

¿En qué consiste tu imagen de la perfección para las otras personas de tu vida?

Mi imagen de la perfección para mi pareja es...

Mi imagen de la perfección para mis hijos es...

Mi imagen de la perfección para mis padres es...

Mi imagen de la perfección para mi mejor amigo o amiga es...

Mi imagen de la perfección para mis compañeros de trabajo es...

Mi imagen de la perfección para mi jefe es...

Sabemos que no somos lo que creemos que deberíamos ser, de modo que nos sentimos falsos, frustrados y deshonestos. Intentamos ocultarnos y fingimos ser lo que no somos. El resultado es un sentimiento de falta de autenticidad y una necesidad de utilizar máscaras sociales para evitar que los demás se den cuenta.

¿Qué máscaras sociales te pones cuando estás ante los demás?

Mis máscaras sociales son...

¿Las llevas porque temes las críticas de los demás?

Llevo estas máscaras porque...

¿Qué pasaría si te quitases las máscaras?

Si me quitase las máscaras...

¿Qué ocurriría si expresases lo que realmente eres?

Si expresase lo que realmente soy...

Tras la domesticación, ya no se trata de que seamos lo suficientemente buenos para los demás. No somos lo bastante buenos para nosotros mismos porque no encajamos en nuestra propia imagen de la perfección.

En una escala del 1 al 10, en la que el número 1 representa las imágenes distorsionadas con las que estuviste de acuerdo, y el número 10 tu auténtico yo, ¿dónde te sitúas actualmente?

En la escala de la autenticidad, estoy en el número:

1...2...3...4...5...6...7...8...9...10

Haz una lista que contenga, al menos, cuatro acuerdos nuevos que seas capaz de establecer contigo mismo y que respeten quien realmente eres.

Tengo el propósito de respetar a mi auténtico yo mediante...

Comprométete a dar un paso para acercarte a tu auténtico yo mediante la práctica de esos cuatro nuevos acuerdos.

El Libro de la Ley

No es cuestionable; cualquier cosa que esté en el Libro de la Ley, es nuestra verdad. Basamos todos nuestros juicios en él, aun cuando vayan en contra de nuestra propia naturaleza interior.

Una de las escuelas místicas más grandes del mundo, el cristianismo, nos explica la historia de Adán y Eva. Vivían en el paraíso, libres del Parásito; lo percibían todo a través de su conciencia, y su sueño era muy bello, pero carecían de conocimiento.

Situado en medio del jardín se hallaba el Árbol del Conocimiento, y Dios advirtió a Adán y Eva que no comiesen de su fruto. ¿Recuerdas quién vivía en ese árbol? La serpiente del mal. Bien, yo prefiero cambiar el nombre de la serpiente, el diablo, por el del *Parásito.* El Parásito vive en el fruto del Árbol del Conocimiento y es como el pequeño gusano que a veces ves en una manzana. Si te comes la manzana, te comes el Parásito. La serpiente o el diablo entra en tu mente a través del conocimiento contaminado por el Parásito.

Los seres humanos acumulamos una gran cantidad de conocimiento, pero el 95 por ciento de ese conocimiento es falso. En lugar de utilizarlo como una herramienta para la comunicación, nos convertimos en sus marionetas. Damos la vida a ese conocimiento, y como no se basa en la verdad, empieza a generar mucho sufrimiento y muchos dramas.

Hace seiscientos o setecientos años todo el mundo sabía que la Tierra era plana. Esto no significaba que fuese verdad; pero la gente *lo sabía* y *lo creía,* y para ella, la Tierra era plana. Cuando desaprendieron ese conocimiento, su percepción cambió a la vez que lo hizo el concepto, y ahora sabemos que la Tierra es redonda.

Este tipo de concepto es, en realidad, inofensivo, pero existen otros conceptos que resultan mortíferos: especialmente los que intentan gobernar la vida de la gente.

De niños, nunca escogimos qué creer y qué no creer. No escogimos nuestra religión ni nuestros valores morales. De hecho, no escogimos ningún concepto. Pero estuvimos de acuerdo con estas creencias, y una vez que las aceptamos, se almacenaron en nuestra memoria. El sueño externo captó nuestra atención e introdujo el conocimiento en nuestro interior a través de otros seres humanos: por vía de nuestros padres, nuestros profesores, nuestra iglesia y nuestra sociedad. Este conocimiento nos programa para ser esclavos del sueño del planeta.

El conocimiento en sí mismo no es ni bueno ni malo, ni correcto ni incorrecto; es sólo un programa. Solamente se trata de unos conceptos. Pero el Parásito que acompaña al conocimiento es maligno: está vivo. Crece en tu mente y se apodera de su control. Una vez que controla tu mente, tu verdadero yo está muerto. No estás vivo; quien vive no eres tú. No eres tú porque tu verdadero yo no es maligno; tu verdadero yo no se destruye a sí mismo.

Comemos conocimiento, ingerimos el Parásito y enfermamos por habernos alimentado de él. A todos nos ha ocurrido lo mismo. Cuando comprendemos que el mal no es otra cosa que una enfermedad de la mente del ser humano, entendemos la razón por la cual las sociedades humanas son como son y por qué hay tanta injusticia, tanta violencia y tantas guerras. Hemos ingerido Parásitos en forma de conceptos, en forma de imágenes distorsionadas. Todo el drama personal que experimentamos — las emociones que nos consumen y nos conducen a la autodestrucción, a las adicciones, a las mentiras, a los dogmas y al fanatismo — es el resultado de nuestras creencias, el resultado de un programa.

Si somos capaces de ver que cuando comemos conocimiento enfermamos, entonces, por lógica, ¿de qué forma podríamos sanarnos a nosotros mismos? ¿Qué ocurre cuando ingerimos comida que está contaminada y después nos sentimos mal? Si vomitamos y expulsamos el veneno, nos encontramos mejor. Bien, si arrojamos el conocimiento que resulta perjudicial para nosotros, ¿adivinas de quién nos desprenderemos junto con ese conocimiento? Una vez que expulsemos al Parásito de nuestra mente, esta se curará y funcionará mucho mejor.

La historia de Adán y Eva nos explica qué ocurrió, y de un modo u otro, las distintas tradiciones del mundo entero llegan a la misma conclusión. El sueño del planeta no es real, no es verdadero. Cuando te despiertas de ese sueño y cobras conciencia de lo que está sucediendo en la mente de otras personas, ves Parásitos en todas ellas, por todas partes. Ves todo el veneno emocional que emana de esos Parásitos. Cuando eres consciente, descubres que dondequiera que vayas la gente reacciona de la misma manera que tú; tiene los mismos miedos, los mismos celos, la misma rabia, las mismas penas. Puedes verte a ti mismo en cada una de estas personas, pues ellas reflejan tus proyecciones, pero no hay razón para juzgarlo como algo bueno o malo, correcto o incorrecto; sencillamente es así.

Los toltecas denominan a esta conciencia de lo que le ocurrió a nuestra mente, y a toda la humanidad, la Maestría de la Conciencia. Significa abrir los ojos a fin de ver la verdad y no permanecer ciego durante más tiempo. Nacemos con esta conciencia, pero acumulamos conocimiento y practicamos el vivir sin conciencia; aprendemos a negar lo que percibimos. Por supuesto, nacemos sin conocimiento, pero lo acumulamos durante la domesticación. Ese conocimiento es como un muro de niebla que nos impide cobrar conciencia y percibir lo que realmente es.

El reto consiste en mantener nuestra conciencia en medio de esa niebla. Y aún más que eso, en *substituir* el conocimiento, deshacer la niebla y recuperar nuestra conciencia. Si somos capaces de mantener nuestra conciencia todo el tiempo, esta, por sí sola, cambiará por completo nuestra realidad. Cuando dominamos la conciencia, estamos cerca de gobernar el sueño.

Existe una película llamada *Caza de brujas* en la que se muestra de qué modo la serpiente del mal entra en la mente de la gente a través del conocimiento. En la película, un verdadero hombre de conocimiento llega a una ciudad cargando consigo varios libros de buen tamaño. Había dedicado toda su vida al aprendizaje de la brujería y estaba lleno de ese conocimiento. La iglesia sabía que en el seno de la comunidad existían brujas y había decidido «limpiar» la ciudad. Toda la población fue juzgada en base al conocimiento que contenían esos libros, y se mató a mucha gente. Una niña pequeña tuvo en sus manos el poder de condenar a quien quiso con sus mentiras. Si decía: «Veo al demonio en esa persona», la llevaban a juicio, la juzgaban, la encontraban culpable y la sentenciaban a muerte. Toda la ciudad estaba poseída por el miedo, pero ¿dónde estaba el mal? ¿Estaba en la gente que mataron? No, residía en esos libros de conocimiento, y en aquel hombre que estaba decidido a aplicar la ley en nombre de ese conocimiento.

Bien, todos tenemos un libro parecido en la cabeza. Tenemos nuestro propio libro de conocimiento, nuestro propio *Libro de la Ley,* y lo utilizamos para juzgarnos a nosotros mismos, hallarnos culpables y castigarnos. En muchas ocasiones incluso nos negamos el derecho a estar vivos. De nuevo, resulta importante comprender que nuestra mente está infestada por una gran cantidad de pequeños Parásitos o conceptos que otras personas han introducido en ella. Juntos, esos pequeños Parásitos crean un gran Parásito que se aloja en nuestra mente con nuestro acuerdo.

La creencia de que no eres lo bastante bueno es uno de los pequeños Parásitos que residen en tu mente. Resulta perniciosa porque te destruye. Te hace sufrir porque limita tu vida, tu creatividad y tu felicidad. Las creencias que te dicen que no le gustas a nadie, que no eres digno de amor ni de felicidad y que siempre tienes razón no son verdad y te conducen a la autodestrucción. Por ejemplo, para tener siempre razón, necesariamente tienes que hacer que otra persona esté equivocada.

Cuando haces que otra persona esté equivocada te creas un enemigo, y entonces te dañas a ti mismo, porque, más tarde o más temprano, ese enemigo actuará contra ti.

Todos estos conceptos están vivos y trabajan unidos, pero necesitan tu mente, tu sueño y tus emociones para vivir. Sólo viven porque tú *crees* en ellos. Estos Parásitos son lo que las antiguas religiones denominaban dioses o demonios. Tienen muchos nombres, pero están verdaderamente vivos y controlan la mente del ser humano.

Cada concepto, cada creencia que existe en tu mente tiene una personalidad propia que quiere expresarse a sí misma. Tienes millones de voces en tu cabeza, tienes a toda una sociedad en tu mente, y de igual modo que sucede en la democracia, vives de acuerdo con la voluntad de la mayoría. Esa sociedad interior está gobernada por unas reglas que dictan qué tipo de vida debes llevar y de qué modo tiene que comportarse cada parte de ti. Tu sueño personal se basa por entero en las reglas que existen en tu Libro de la Ley, y ocurra lo que ocurra en tu vida, todo será interpretado según ese libro.

En nuestra mente viven otras dos partes: una de ellas es el *Juez* y la otra es la *Víctima*. El Juez hace su trabajo a la perfección: lo juzga todo y utiliza el Libro de la Ley para hacerlo. Toda acción y toda reacción viven bajo la tiranía del Juez. La parte de ti que es juzgada, y en ocasiones recompensada, es la Víctima. Que reciba un premio o un castigo dependerá de que siga o no el Libro de la Ley.

El Juez y la Víctima no tienen ninguna duda de que el Libro de la Ley contiene la verdad y nada más que la verdad, la verdad suprema. Gobiernan el sueño del Libro de la Ley sin cuestionarlo, lo que significa que gobiernan con fe. Así es como vives tu vida, pero la cuestión fundamental es la siguiente: ¿Existe justicia en ese sistema? En *Los Cuatro Acuerdos* ya descubrimos que no. Todo el sufrimiento de la humanidad está contenido en ese Libro de la Ley, en ese libro del conocimiento, porque no se basa en la verdad. Nuevamente, más del

90 por ciento de ese conocimiento no es verdadero, pero para el Juez y la Víctima es una verdad absoluta.

IDEA PRÁCTICA PARA LA MAESTRÍA DE LA CONCIENCIA. EL LIBRO DE LA LEY

Uno por uno, todos esos acuerdos entran en el Libro de la Ley y gobiernan nuestro sueño.

¿Eres consciente de los acuerdos que rigen tu vida? ¿Qué dice tu Libro de la Ley sobre cómo deberías tratarte a ti mismo? ¿Qué dice sobre cómo deberías relacionarte con los demás, con otras formas de vida, con Dios? ¿Acaso tu Libro de la Ley te proporciona la libertad de ser quien realmente eres? ¿Te da derecho a ser feliz, a expresar tu creatividad y a recibir recompensas generosas por los dones y talentos que compartes con los demás?

Utiliza un diario aparte para anotar en él todos los acuerdos que has establecido en tu vida. Denomínalo «El Libro de la Ley» y comprométete a apuntar en él, durante un tiempo mínimo de un año, cada ley, cada regla y cada acuerdo o creencia de que cobres conciencia durante ese período de tiempo. ¡Mantén tu Libro de la Ley a mano a fin de no olvidarte!

Más abajo tienes algunas sugerencias para los títulos de las partes y los capítulos de tu Libro de la Ley. Recuerda que es *tu* Libro de la Ley, de modo que siéntete libre para inventar tus propios títulos y utilizar palabras y descripciones que tengan un significado personal para ti.

Acuerdos personales: tu cuerpo y tu yo

- Apariencia personal
- Salud y dieta
- Masculinidad y feminidad

Acuerdos sociales: familia y amigos

- Amor y sexo
- Matrimonio y familia
- Amistades y relaciones sociales

Acuerdos espirituales: la vida y Dios

- Religión y espiritualidad
- Muerte y pérdidas
- Naturaleza, animales y todas las formas de vida

Acuerdos económicos: trabajo y carrera

- Tus destrezas y talentos únicos
- Dinero y asuntos financieros
- Éxito y fracaso

Tras haber escrito los títulos de las partes y los capítulos de tu Libro de la Ley, examina cuáles fueron las creencias que tu entorno programó en tu mente sobre cada una de esas áreas de tu vida. ¿Qué aprendiste sobre ti mismo, sobre los demás, sobre el trabajo, sobre la vida? Una manera de empezar es hacerte preguntas del tipo «bueno o malo» o «adecuado o inadecuado» con respecto a cada uno de los temas. Por ejemplo:

¿Qué es bueno o malo, o adecuado o inadecuado, sobre...
mi apariencia personal?
mi personalidad?
ser una mujer o ser un hombre?
estar casado?
tener hijos?
hacer dinero?
tener éxito?
mi religión y mi espiritualidad?
mi trabajo y mi profesión?

Considera cómo fuiste domesticado cuando eras un niño muy pequeño.

¿De qué modo captaron tu atención otras personas?

¿Cómo te recompensaron?
¿Cómo te castigaron?
¿Qué hiciste tú para captar la atención de otras personas?
¿Qué hiciste para evitar ser castigado?
¿Qué hiciste para conseguir la recompensa?

Haz una lista de los valores más importantes que aprendiste de:

Tus padres, hermanos y otros miembros de tu familia
Tu colegio o tu iglesia
Tus niñeras u otros adultos con influencia sobre ti
Amigos y conocidos
La sociedad en general

¿Estás de acuerdo con cada uno de estos valores?

De niño, ¿te castigaban si no los respetabas?
Siendo adulto, ¿te castigas a ti mismo por no respetarlos?

Haz una lista de los acuerdos que has establecido contigo mismo y que contengan una mayor autocrítica.

Haz una lista de los acuerdos personales más sustentadores y amorosos que has establecido contigo mismo.

Cuando cobres conciencia de cualquier otro acuerdo que hayas establecido, anótalo en tu Libro de la Ley.

El Juez

El Juez interior utiliza lo que está en nuestro Libro de la Ley para juzgar todo lo que hacemos y dejamos de hacer, todo lo que pensamos y no pensamos, todo lo que sentimos y no sentimos. Todo vive bajo la tiranía de este Juez.

¿Eres consciente de que en tu mente reside un Juez, una «voz del conocimiento» que lo juzga todo y a todos?

Haz una lista de todas las personas de tu vida, e inclúyete a ti en ella. Considera, según los distintos temas de tu Libro de la Ley, de qué modo conduce su vida cada una de estas personas. Describe brevemente tus juicios sobre cada una de ellas. ¿Cómo te sientes respecto al modo en que cada una de estas personas, incluyéndote a ti mismo, conduce su vida? ¿Qué admiras de ti mismo y de las personas que aparecen en tu lista? ¿Qué aspectos te desagradan o incluso desprecias?

Recuerda: suponemos que los demás nos juzgan de la misma manera en que nosotros nos juzgamos, pero esto no es verdad. Los demás nos juzgan según su propio Libro de la Ley; viven en un sueño completamente distinto. Juzgamos a los demás de la misma manera como nos juzgamos a nosotros mismos porque todos nuestros juicios provienen de la verdad suprema de nuestro Libro de la Ley.

¿Cómo te juzgas a ti mismo?

Soy una mala persona porque...

Debería estar avergonzado de mí mismo porque...

Soy culpable de...

Me comporto como un estúpido siempre que...

¿Cómo juzgas a los demás?

Esa persona es mala porque...

Esa persona debería avergonzarse de sí misma porque...

Esa persona es culpable de...

Creo que es realmente estúpido cuando alguien...

Haz una lista de cuatro equivocaciones que hayas cometido en tu vida.

¿Cómo te castigas a ti mismo?

¿Cómo te maltratas?

¿Cuántas veces has pagado por la misma equivocación?

¿Maltratas tu cuerpo?

Haz una lista de cuatro equivocaciones que hayan cometido otras personas y que no puedes perdonar.

¿Cómo castigas a los demás?

¿Cómo maltratas a otras personas?

¿Cuántas veces has hecho que cada una de estas personas pagase por su equivocación?

¿Maltratas físicamente a otras personas?

Haz una lista de cuatro cosas que has conseguido y que te han hecho sentir orgulloso de ti mismo.

¿Cómo te recompensaste por ellas?

Ahora que eres más consciente de tu Juez, describe en detalle cómo es y cómo utiliza el Libro de la Ley para gobernar tu vida. ¿En alguna ocasión es justo e indulgente o se muestra siempre cruel e implacable?

Considera la posibilidad de brindarle a tu Juez un nombre más personal o descriptivo a fin de identificar con mayor facilidad cuál es la voz que está hablando en tu cabeza.

Tu respuesta al Juez

La próxima vez que la voz del Juez te esté juzgando a ti o esté juzgando a cualquier otra persona, dispondrás de cuatro respuestas para darle. Decide cuál es la más apropiada para cada situación. Consigue un buen papel y un rotulador negro y escribe estas respuestas con el fin de recordarlas. Después coloca el papel en algún lugar donde puedas verlo a diario.

¡Gran cosa!

¿A quién le importa?

¿Y qué?

¿Por qué no?

Y si ninguna de estas respuestas parece satisfacer a tu Juez, entonces recuerda esto: no tiene importancia.

LA VÍCTIMA

La Víctima carga con la culpa, el reproche y la vergüenza. Es esa parte nuestra que dice: «¡Pobre de mí! No soy suficientemente bueno, ni inteligente ni atractivo, y no merezco ser amado...».

¿Eres consciente de que en tu mente hay una Víctima que recibe las críticas y carga con la culpa, el reproche y la vergüenza? Es esa parte de ti que se siente impotente, desesperanzada o incapaz.

¿Qué te hace avergonzarte de ti mismo?

¿Qué te hace sentir culpable?

¿Qué te hace sentir impotente o como una víctima?

¿Cuándo sientes que no eres digno de ser amado?

¿Cuándo sientes arrepentimiento o tristeza?

¿Cuándo te sientes traicionado?

Completa las siguientes frases:

Soy culpable de haber...

No me merezco tener...

No puedo hacer lo que realmente quiero hacer porque...

Cuando se trata de..., soy un inepto.

Pobre de mí, no soy lo bastante bueno para...

Pobre de mí, no soy lo bastante inteligente para...

Pobre de mí, nunca voy a ser...

Pobre de mí, nunca voy a tener...

No soy digno de amarme a mí mismo porque...

No soy digno de respetarme a mí mismo porque...

No soy digno de ser demasiado feliz porque...

No soy digno de experimentar la abundancia económica porque...

Examina las respuestas a estas afirmaciones y pregúntale a tu corazón, y no a tu Parásito, si cada una de ellas es verdadera o falsa. Aquí tienes una indicación que te permitirá saber cuándo te estás mintiendo a ti mismo: cualquier creencia que genere miedo o un sentimiento de falta de merecimiento es falsa; es una mentira. El Parásito prospera en las emociones que provienen del miedo, del sufrimiento y del drama. Nuestro verdadero yo nunca nos maltrataría; proviene del amor.

Describe en detalle cómo es tu Víctima. ¿Cuándo cree al Juez? ¿Por qué cree en el Juez? Considera la posibilidad de darle a tu Víctima un nombre personal a fin de identificar su voz en tu cabeza.

En una escala del 1 al 10, en la que el número 1 representa una vida gobernada por el Parásito (el Juez, la Víctima y el Libro de la Ley) y el número 10 una vida completamente libre del Parásito, ¿dónde estás viviendo actualmente?

En la escala del Parásito, vivo en el número:

1...2...3...4...5...6...7...8...9...10

Dedica los siguientes quince minutos a considerar cómo sería tu vida sin el Juez y sin la Víctima. Imagínate si pudieses recuperar el poder que le otorgaste al Juez años atrás y gobernar tu vida basándote en los principios del amor, la dicha y la libertad. Imagínate si tu Víctima se transformase y en vez de decir «pobre de mí» se dijese que es una persona capaz que se niega a ser maltratada ni un minuto más.

Imagínate cómo sería tu vida si tu código personal de conducta se basase en los Cuatro Acuerdos. Cuando intentas imaginar estas posibilidades, ¿te descubres enfrentándote a una resistencia?

Completa las siguientes frases:

No puedo vivir sin el Juez porque…

No puedo vivir sin la Víctima porque…

No puedo gobernar mi vida como realmente quiero porque…

No puedo vivir según los Cuatro Acuerdos porque…

¿Qué tipo de excusas te da tu Parásito? Escríbelas a fin de poder responderlas con la verdad en lugar de con mentiras. A medida que leas tus respuestas a cada una de las frases anteriores, combate cada excusa con una razón que argumente por qué *podría* ser posible para ti hacerlo. Encuentra, cuando menos, una respuesta que refute por completo la excusa del Parásito en cada una de las afirmaciones. A medida que contradigas cada excusa, imagínate que avanzas por la escala, acercándote a una vida libre del Parásito.

Continúa rebatiendo tus excusas y sigue imaginándote a ti mismo avanzando por la escala hasta alcanzar el número

10. Llegado a este punto, ya no tienes ninguna duda de que puedes realizar todo lo que quieres. Has recuperado la fe que estaba atrapada en el sistema de creencias, y ahora esa fe está al cien por ciento.

He aquí un ejemplo:

No puedo vivir sin el Juez porque...

1. Sería completamente irresponsable y me descontrolaría.

2. Haría cosas malas.

3. Sería perezoso y nunca llegaría a hacer nada.

Tus respuestas a las afirmaciones anteriores podrían ser:

1. Nunca sería irresponsable ni me descontrolaría. Soy una persona responsable, y si me elogiase más a mí mismo y me juzgase menos, sería más feliz y más capaz de asumir responsabilidades.

2. Nunca haría nada malo. De hecho, si el Juez no estuviese siempre juzgándome, haría cosas más grandes de las que hago ahora. Si me aceptase a mí mismo sin juzgarme, aceptaría a los demás sin juzgarlos.

3. No soy una persona perezosa. Quizá me relajaría un poco durante una temporada, pero después disfrutaría

haciendo lo que necesito hacer y lograría realizar aún más cosas si el Juez no estuviese criticándome continuamente.

Completa tus respuestas a cada creencia limitadora; después observa de nuevo la escala del Parásito y pregúntate a ti mismo dónde se desarrolla tu vida. ¿Has sido capaz de acercarte más al número 10? Si no es así, ¿por qué razón? ¿Qué necesitarías para reclamar tu libertad personal?

Puedes utilizar esta idea práctica en casi todas las esferas de la vida en las que experimentes algún desafío. Empieza por elaborar una afirmación sobre alguna cosa que quieras lograr, pero que temes no conseguir. Considera todas las razones por las cuales no eres capaz de lograr lo que quieres. Después, busca una afirmación que niegue completamente cada una de estas excusas. Imagina que cada excusa es un objeto físico que obstaculiza la consecución de tu objetivo. Imagínate a ti mismo avanzando por esa escala a medida que apartas los obstáculos que surgen en tu camino.

Sigue trabajando de este modo hasta alcanzar el punto en el que tu fe esté consagrada a tu deseo en vez de a tu duda. Cuando llegues a este punto, estarás en el número 10 de la escala.

Los acuerdos que surgen del miedo requieren un gran gasto de energía, pero los que surgen del amor nos ayudan a conservar nuestra energía e incluso a aumentarla.

A estas alturas deberías ser consciente de algunos de los juicios, creencias y acuerdos que aparecen en tu Libro de la Ley. El siguiente paso consiste en desafiarlos. Repasa tu Libro de la Ley y hazte las siguientes preguntas:

¿Qué acuerdos me animan y me brindan alegría?
¿Qué acuerdos me hunden?
¿Qué acuerdos se basan en la verdad?
¿Qué acuerdos son mentira?

Identifica cada acuerdo limitador que provenga del miedo y escribe un nuevo acuerdo basado en la verdad y en el amor por ti mismo a fin de reemplazarlo. Empieza cada semana con un acuerdo que parezca fácil de romper. Centra tu atención en él hasta que seas capaz de romperlo y adoptar un nuevo acuerdo que lo substituya.

Practica tu nuevo acuerdo hasta que se convierta en un hábito. A medida que rompas cada viejo acuerdo, el entusiasmo y el respeto por ti mismo continuarán creciendo hasta que recobres la cantidad de poder necesaria para romper todos los acuerdos que limitan tu libertad y tu felicidad.

2

El poder de las palabras

Los seres humanos somos creadores, pero nuestro poder creativo se apoya en nuestras creencias.

Mediante las palabras expresas tu poder creativo, lo revelas todo. Independientemente de la lengua que hables, tu propósito se pone de manifiesto a través de las palabras.

LAS PALABRAS SON LA HERRAMIENTA MÁS PODEROSA que tenemos como seres humanos, son el instrumento de la magia y constituyen nuestro mayor poder creativo.

Las palabras crean la luz, y puesto que la luz es la mensajera de la Vida, las palabras *son* Vida o Dios. En la Biblia, el Evangelio de San Juan expresa claramente el poder de las palabras: «En el principio existía el

Verbo, y el Verbo estaba con Dios, y el Verbo era Dios». Independientemente del idioma que hablemos, nuestro *propósito* se pone de manifiesto a través de las palabras. Mediante las palabras lo manifestamos todo; expresamos nuestra voluntad, nuestro propósito, nuestro amor y nuestra fe, que son una misma cosa.

Consideremos lo que significa tener fe. Quienquiera que domine la fe, gobierna el sueño. ¿Por qué? Porque tener fe significa ser impecable con la palabra. Tener fe significa creer en un cien por ciento, sin dudas. La fe es cómo se manifiesta el mundo, y cómo guiamos nuestro propósito. Tener una gran fe significa tener un gran poder, porque nuestro propósito y nuestra voluntad son plenos. Cuando la duda no disipa nuestras palabras, el poder de estas es todavía mayor.

Los grandes líderes de la humanidad tienen un gran poder personal porque cuentan con una gran fe. Pero su fe no proviene de su cabeza, sino de su corazón. No proviene del miedo ni del conocimiento, sino del amor y la sabiduría. El tipo de fe que proviene de la cabeza es una fe ciega, porque surge del conocimiento, de las falsas creencias, del miedo. La fe ciega es una fe que conduce al fanatismo y al dogmatismo, es la razón de todas las guerras religiosas y de todo el miedo que sentimos cuando la gente no cree lo que nosotros creemos. La fe ciega es una fe que tenemos que defender e imponer sobre otras personas a fin de sentirnos reafirmados y seguros.

Los seres humanos somos unos poderosos creadores. Nacemos con toda la fe del universo, y todo lo que creamos se basa en ella. Verdaderamente, esa fe constituye nuestro poder personal, pero ¿qué le ha ocurrido? Invertimos toda nuestra fe en nuestras creencias y nuestros acuerdos y nos quedamos con muy poco poder para cambiar nuestra vida.

Imagínate que cada acuerdo es como un ladrillo. Con ellos, los seres humanos creamos una estructura completa, y con nuestra fe los fijamos unos a otros. Creemos sin ninguna duda en todo el conocimiento que contiene esa estructura, en cuyo interior nuestra fe queda atrapada, porque la hemos depositado en cada acuerdo. No importa si es verdad o no; lo creemos, y para nosotros es verdad.

Invertimos todo el poder creativo que tenemos en nuestras creencias, y como estamos convencidos de que son ciertas, así es como son. Si creemos en nuestro conocimiento, cualquier cosa que percibamos será filtrada para que se adapte a ese conocimiento. Creamos un sueño personal que justifique el conocimiento, y el sueño externo nos demuestra que lo que creemos es verdad. El sueño externo refleja nuestro sueño personal, y por este motivo justificará todas las creencias que tengamos.

Creamos el concepto de «yo soy» durante el proceso de nuestra educación, es decir, mientras se programa el conocimiento en nuestra mente. Todo lo que creemos que somos, todo lo que sabemos sobre cómo ser un ser humano, constituye el «yo soy». Los toltecas lo denominan *la forma humana*. No estamos hablando del cuerpo físico, sino de nuestro propio sueño. Cuando decimos: «Soy un hombre; soy una mujer; soy un ser humano, y esta es toda mi realidad», lo juzgamos todo según ese conocimiento, y por supuesto, el sueño se convierte en un infierno. Ese es el drama de la humanidad.

Si el sueño de nuestra vida es tan limitado, es porque tomamos todo nuestro poder creativo, lo depositamos en una pequeña caja y la sellamos con él en su interior. Vivimos dentro de esa caja, atrapados en ella. Pues bien, esa pequeña caja es la forma humana, es nuestra creación, y consagramos toda nuestra voluntad a ese «yo soy».

Tu fe es tan fuerte que cuando crees: «Nunca voy a ser esto», se hará tu voluntad, y nunca llegarás a serlo. Si crees: «No soy capaz de hacerlo», se hará tu voluntad, y no podrás hacerlo. Independientemente de lo que creas, al depositar tu fe en esa creencia, harás que se convierta en realidad.

El poder de nuestras palabras está detrás de cada acuerdo que establecemos. A fin de romper un acuerdo, necesitamos tener al menos la misma cantidad de poder que utilizamos para establecerlo, pero descubrimos que ya no tenemos el suficiente poder para romper un acuerdo sólo porque decidamos hacerlo. El ejemplo clásico de esto nos lo brinda el acuerdo de fumar. Nuestra mente racional puede entender que fumar resulta perjudicial y por ello decidimos no fumar más. Nuestra mente dice: «No fumaré más porque no es bueno para mí». Sin embargo, abrimos el paquete de tabaco, encendemos un cigarrillo y continuamos fumando. No queremos fumar e intentamos no hacerlo, ¡pero seguimos fumando! La tentación de fumar es más fuerte que nuestra voluntad; o se puede decir que nuestra voluntad y nuestra fe todavía no son lo bastante fuertes para mantener nuestra palabra.

¿Por qué no tenemos suficiente poder para romper nuestros acuerdos? Imagínate que tuviésemos cien unidades de poder y pusiésemos cuatro de ellas en el acuerdo de fumar. En teoría, necesitamos al menos cuatro unidades de poder para romper este acuerdo. Pero el problema reside en que las otras noventa y seis ya están siendo utilizadas a fin de mantener vivos todos los acuerdos de la totalidad de nuestra realidad. Entonces, el día que decidimos dejar de fumar no tenemos el poder suficiente para cambiar el acuerdo. Todo nuestro poder ha sido utilizado.

¿Qué les ocurrió a las otras noventa y seis unidades de poder? Veamos de qué forma gastamos nuestra energía. En *Los Cuatro Acuerdos,* hablamos de este ejemplo: imagínate que te despiertas una mañana con mucha energía. A duras penas eres capaz de esperar para hacer un montón de cosas. Te dispones a desayunar, y por la razón que sea, tienes una gran pelea con tu pareja. Le dices muchas palabras enojosas, surgen emociones dolorosas, y tras la pelea, lo único que quieres hacer es irte a la cama y ponerte a dormir. La pelea ha consumido toda tu energía.

A fin de ahorrar energía necesitas cambiar tu rutina, cambiar esos acuerdos y no reaccionar más con esas emociones. Si tu pareja quiere pelear y tú no te peleas, entonces conservarás en ti esa energía. Sencillamente, desayunas con rapidez y sales de la habitación.

Permitirte o no gastar toda tu energía en tus emociones depende de ti. No hay razón para que seas la víctima de tus emociones.

Las emociones que te consumen son las que provienen del miedo; las que te proporcionan más energía son las que provienen del amor.

La mayoría de las personas consumen toda su energía en su importancia personal, defendiendo su imagen, sus opiniones y sus creencias. Gastan una gran cantidad de energía intentando demostrar que tienen razón y que los demás están equivocados. Este absurdo comportamiento resulta divertido cuando se observa desde el exterior, pero se convierte en un gran drama cuando te encuentras sumergido en él. Ese drama agota nuestra energía. Para creer lo que creemos, para mantener todos esos acuerdos vivos, nos quedamos sin energía. El poder creativo de nuestras palabras se disipa a causa del gran mitote que existe en nuestra mente, a causa de todos esos acuerdos incompatibles que creamos. El resultado es que nos sentimos impotentes.

Como ya he dicho, aun cuando el Libro de la Ley

no es algo físico, constituye una estructura fuerte y rígida construida por todos nuestros acuerdos, y esto es lo que denominamos un sistema de creencias. Desde una simple carta a una ideología completa, todo lo que creemos va a parar a esa estructura, que resulta casi tan rígida como nuestro cuerpo físico. Los acuerdos que establecemos controlan todo nuestro sueño, y la estructura es tan fuerte que parece imposible romperla.

Bien, ¿qué ocurre si empezamos a quitar ladrillos de esa estructura? Llegará un momento en el que todo el edificio se derrumbará. Y eso es lo que sucede cuando practicamos los Cuatro Acuerdos. El Libro de la Ley empieza a desintegrarse poco a poco, y en un momento determinado, ya no es lo bastante fuerte para controlar el sueño de nuestra vida. La estructura de nuestras creencias se viene abajo y perdemos la forma humana, el «yo soy».

Cuando eso ocurre, el sueño de nuestra vida se asemeja al caos. Se parece al caos porque es caos. Cuando perdemos la forma humana, el viejo orden deja de existir, el viejo sueño ya no gobierna más nuestra vida. Nuestras emociones se hacen más fuertes; el veneno empieza a salir hacia fuera y nos brinda una gran oportunidad para limpiarnos. Aunque sea un caos, ahora tenemos la oportunidad de escribir de nuevo el Libro de la Ley y crear nuevos acuerdos con conocimiento.

Si continuamos practicando los Cuatro Acuerdos, romperemos todas esas imágenes que creamos para nosotros mismos, todas esas imágenes que nos fueron proyectadas por nuestra madre y nuestro padre, nuestros hermanos y hermanas, nuestros amigos, la sociedad, todo el mundo. Por supuesto, durante años hemos practicado todas esas imágenes, nos hemos apegado a ellas, y ese apego proviene de nuestra fe. Estamos tan unidos a nuestras imágenes, a nuestras creencias, que si algo las desafía o las aparta de nosotros, nos duele. Y aunque esas creencias generen una vida de drama y sufrimiento emocional, el dolor que sentimos hace que nos resistamos al cambio.

Esa es la razón por la cual romper la estructura de las creencias y perder la forma humana debería ser un proceso gradual, y no rápido. En determinados casos puede ocurrir rápidamente, pero desprenderte de tus máscaras sociales y perder tus imágenes puede provocar una fuerte reacción emocional. Al final, por supuesto, la verdad te liberará, pero descubrirla resulta un proceso doloroso, porque la mayoría de tus apegos y tu resistencia a la Vida no se basan en la verdad, sino en mentiras.

Perder la forma humana provoca dolor emocional porque te enfrentas a tus propias creencias. El Juez y la Víctima te conocen muy bien y utilizarán todo lo que puedan para ir en contra de ti. Si tienes un gran deseo de cambiar tu Libro de la Ley, lo conseguirás, pero no puedes esperar que el cambio acontezca sin experimentar una crisis. Estás rompiendo tus creencias, tu conciencia se está expandiendo y estás aprendiendo a soñar a tu propia manera. Tienes que avanzar paso a paso; no puedes esperar que la transformación tenga lugar en un abrir y cerrar de ojos. En teoría, claro, todo es posible. Tal vez sea posible saltar de la escuela primaria a la universidad, pero no puedes esperarlo en absoluto. Cuando pierdas la forma humana, entonces incluso podrás conseguir más cosas. A medida que rompas esas creencias que te dicen lo que no es posible, empezarán a sucederte cosas increíbles porque dejarás de limitarte a ti mismo.

Aun cuando eres distinto, los demás suponen que eres el mismo; a menos que te expreses, apenas advierten el cambio. Pero en un momento determinado, dejas de jugar su juego. Ya no aceptas sus adicciones y no te unes a sus chismes. Ya no te importan tanto sus dramas, sus enfados ni sus celos, porque sabes que sólo se trata de un sueño. Y sabes que cuando te dicen algo poco amable, no es su intención.

Te amas y te respetas tanto a ti mismo que no permites que otras personas te traten sin respeto. Pones fronteras a sus heridas, no porque quieras evitarlas, sino porque así no dejas que ese veneno te alcance. No las juzgas, pero no aceptas su veneno, porque aceptarlo significaría ir en contra de ti.

Cuando pierdes la forma humana, descubres que no sabes qué eres y que ya no te preocupa lo que eres.

Cuando rompes la imagen de lo que significa ser un ser humano, no eres mejor que una piedra, pero tampoco hay nadie que sea mejor que tú. En esta sociedad, ser un ser humano significa estar en la cima de la evolución del planeta, ser superior a otros tipos de vida de este mundo; ser superior a los perros, los gatos, las plantas y las rocas. Pero cuando alcanzas un determinado nivel de conciencia en tu mente, dejas de ser un ser humano desde ese punto de vista. Ser un ser humano ya no es importante, porque contemplas la vida desde una perspectiva totalmente nueva. Eres lo mismo que cualquier cosa que existe en el universo; provienes de la misma fuente, estás hecho de la misma luz. Y si no eres mejor que nadie, y nadie es mejor que tú, entonces, ¿dónde está la importancia personal?

La Maestría de la Transformación es un proceso que consiste en desaprender lo que ya has aprendido. Si aprendes haciendo acuerdos, desaprendes rompiéndolos. Cuando desaprendes, ese conocimiento desaparece de tu mente. Si ese conocimiento ya no está en tu mente, entonces, la voz del conocimiento, el Parásito, tampoco está ya en tu mente.

Cuando apliques los Cuatro Acuerdos liberarás tu fe y tus palabras y desaprenderás el conocimiento. Es mejor empezar por romper los pequeños acuerdos que requieren una menor cantidad de poder. A medida que los vayas rompiendo, tu poder personal aumentará hasta que alcances el punto en el que finalmente seas capaz de enfrentarte a los grandes demonios de tu mente.

Cada vez que rompes un acuerdo, recuperas el poder de la fe que depositaste en él. Ya no necesitas gastar tu poder en mantenerlo vivo. Recobras tu poder personal, tu voluntad se hace más fuerte y esto te brinda el poder necesario para cambiar otro acuerdo, y otro, y otro más.

A medida que sigues aplicando los Cuatro Acuerdos, descubres algo muy interesante: la mayoría de los pequeños acuerdos se rompen casi de inmediato. Empiezas a ver resultados al momento, y tu poder personal aumenta también al momento. Cada vez que lees Los Cuatro Acuerdos de nuevo, comprendes otra vez de qué modo utilizaste las palabras en contra de ti mismo, comprendes otra vez por qué no necesitas tomarte nada personalmente ni hacer suposiciones. Entonces, puedes enfrentarte a los acuerdos más importantes e iniciar el ciclo de reconstrucción de tu poder personal. Cada vez que lees el libro, tu voluntad se hace más fuerte, porque gradualmente vas recuperando más partes de tu totalidad. Te conviertes cada vez más en quien realmente eres porque estás rompiendo la domesticación.

Una vez que has roto tu Libro de la Ley y has perdido tu forma humana, el conocimiento y el Libro de la Ley dejan de ser los grandes tiranos de tu vida. El conocimiento todavía está ahí, pero ya no tiene la categoría que tenía antes. La estructura está rota, y ahora estás en una posición que te permite escoger una nueva estructura.

Ya no crees en todo tu conocimiento, y tu relación con él cambia por completo. Antes, te tenía esclavizado en el interior de aquella pequeña caja; controlaba tu vida. Ahora, tú tienes poder sobre el conocimiento. Todavía lo utilizas como una herramienta de comunicación, pero ya no te maltrata.

Comprender cómo se ha construido la estructura de nuestro sueño nos brinda la oportunidad de desafiar nuestras creencias y cambiar nuestro sueño. Pero la conciencia es siempre el primer paso hacia la libertad. Sin la conciencia, no es posible salir de la estructura.

Idea práctica para la Maestría de la Conciencia. El poder de las palabras

Las palabras no son sólo sonidos o símbolos escritos. Son una fuerza; constituyen el poder que tienes para expresar y comunicar, para pensar, y en consecuencia, para crear los acontecimientos de tu vida.

¿Eres consciente del poder de tus palabras? Examina durante unos instantes el poder de determinadas palabras que te dijeron cuando eras niño. ¿Puedes recordar alguna ocasión en la que alguien «te hechizó» con el poder de sus palabras? ¿Cómo han influido en tu vida esas palabras?

Ahora, piensa en algún momento más reciente en el que alguien haya utilizado el poder de sus palabras con la intención de transferir su veneno emocional. Debes comprender lo que *son* y *hacen* las palabras. Son vibraciones de sonido que tienden a manifestar su equivalente físico. Y del mismo modo que una semilla contiene el potencial de propagar un bosque, una palabra contiene el potencial de enraizarse en tu mente y generar espontáneamente formas de pensamiento de una vibración similar. Con el tiempo, tu sueño personal reflejará el tipo de semillas que ha echado raíces en tu mente.

Contempla el poder de las palabras

Consagra los siguientes veinte minutos a reflexionar sobre el poder de las palabras. Si tienes un diccionario o una enciclopedia, busca el origen y el significado de tus palabras favoritas. Haz una lista de ellas, y después pregúntate qué es lo que te gusta de su sonido y su significado. Advierte cómo distintas palabras pueden afectar a tus emociones, de qué modo algunas te animan y otras te abaten. Hazte esta pregunta una y otra vez: ¿Qué es una palabra? Medítalo hasta que tengas la sensación de que eres capaz de sentir el poder que yace en el interior de las palabras.

Una vez que seas verdaderamente consciente del poder de las palabras, te resultará más fácil escogerlas con cuidado, hablar con integridad y decir solamente lo que quieres decir.

Cuidado con las frases de uso común y las expresiones culturales

Cada cultura tiene sus frases de uso común, dichos y expresiones que la gente aprende cuando es muy joven y después repite descuidadamente. Dado que los pensamientos y las palabras habituales tienden a manifestarse de un modo físico, ¿realmente queremos reforzar esos mensajes? Identifica cuatro o más expresiones que la gente suela decir y que vayan en su contra. Aquí tienes algunos ejemplos:

Soy demasiado viejo para esto.

Estoy harto de hacer eso.

Me muero por…

No puedo permitirme…

Identifica cuatro o más expresiones que la gente suela decir descuidadamente a los demás y que vayan en su contra. Algunos ejemplos son:

Eres un auténtico pelmazo.

Voy a matarte.

Vete al cuerno.

¡Lárgate!

¿Tienes la costumbre de decir cosas como estas? ¿Te insultas a ti mismo o insultas a otras personas cuando te sientes frustrado o enfadado? Repasa tus listas y comprométete a «limpiar» tu forma de hablar. Si das basura, recibirás basura. Si das veneno, recibirás veneno. Si mientes, obtendrás mentiras. Si dices la verdad, obtendrás la verdad. Si das amor, recibirás amor. En lo referente a las palabras, lo semejante atrae a lo semejante.

Puedes medir la impecabilidad de tus palabras a partir de tu nivel de autoestima. La cantidad de amor que sientes por ti es directamente proporcional a la calidad y la integridad de tus palabras.

La autoestima empieza por el respeto hacia uno mismo

Imagínate cómo le hablarías a alguien a quien amas y respetas enormemente. Si tienes un perro o un gato a quien adoras, ¿cómo le hablas? Ahora considera cómo te hablas a ti mismo. ¿Qué te dices cada día cuando te miras en el espejo, cuando te duchas, te vistes o emprendes tu día? Si te criticas o te juzgas a ti mismo, es porque otras personas te enseñaron a hacerlo. Estuviste de acuerdo en tratarte así, y después practicaste este hábito hasta que lo dominaste a la perfección.

Ahora que eres consciente de este acuerdo, puedes escoger romperlo diciéndote: «Ya no estoy de acuerdo en tratarme con esta falta de respeto. Cada vez que un pensamiento crítico aparezca en mi mente, perdonaré al Juez y me diré palabras de elogio, aceptación y amor».

Haz una lista que contenga un mínimo de cuatro cosas que te dices sobre ti cada día. Después, revísala y decide si estas palabras son amables, respetuosas y cariñosas. Trátate a ti mismo como tratarías a una reina o a un rey, a un niño inocente o a tu animal doméstico preferido. Elige ser impecable con tus palabras. La autoestima empieza por el respeto hacia ti mismo.

Cuando eres impecable con tus palabras, tu mente deja de ser un campo fértil para las palabras que surgen de la magia negra, pero sí lo es para las que surgen del amor.

Pon fin al chismorreo

¿Eres consciente del poder destructivo del chismorreo? El chismorreo es magia negra porque esparce veneno emocional, perpetúa el miedo y mantiene oprimidos a los demás. Reflexiona sobre el daño que provocas al chismorrear sobre ti mismo o sobre otras personas.

Al principio resulta difícil evitar los chismes por completo, pero con el tiempo, verás cómo se transforma tu vida sólo con romper este acuerdo. ¿Estás listo para establecer un nuevo acuerdo sobre la manera de comunicarte con los demás?

Toma nota de cuándo, dónde y con quién chismorreas.

¿Chismorreas sobre ti mismo?

¿Cómo te hace sentir contigo mismo el chismorreo?

¿Te sientes culpable por algo que has dicho?

¿De qué modo afectan los chismes a las relaciones que tienes con los demás?

Haz una lista de cuatro razones por las cuales disfrutas chismorreando sobre ti mismo o sobre los demás.

Haz una lista de cuatro razones apremiantes para poner fin a los chismes.

Haz una lista de cuatro ocasiones en las que el chismorreo te causase un sufrimiento innecesario a ti o se lo causase a otra persona.

Haz una lista de cuatro pasos que puedes dar para evitar el chismorreo o disuadir a las personas que te rodean de que cuenten chismes (como, por ejemplo, cambiar de tema, decir algo positivo, marcharte o permanecer en silencio).

Rompe el acuerdo de chismorrear y establece el nuevo acuerdo de ser impecable con tus palabras.

Presta atención a tu conversación con otras personas. Permanece consciente y despierto. Niégate a participar en el chismorreo.

Practica evitar los chismes durante un día, después una semana, después dos semanas, y después un mes entero.

Continúa practicando hasta que rompas el hábito de chismorrear y establezcas un nuevo hábito de compartir la verdad y el amor.

Cuando creemos algo, suponemos que tenemos razón hasta el punto de llegar a destruir nuestras relaciones para defender nuestra posición.

LIBÉRATE DE LA NECESIDAD DE DEFENDER TUS OPINIONES Y TENER SIEMPRE RAZÓN

Completa las siguientes frases:

Sé que tengo razón porque...

Por lo general, los demás se equivocan porque...

Necesito demostrar que tengo razón porque...

Es importante que defienda mis opiniones y mi punto de vista porque...

Tu opinión no es más que tu punto de vista. No es necesariamente verdad.

Haz una lista de cuatro ocasiones en las que al defender tu opinión provocases un drama emocional en tus relaciones con los demás.

Haz una lista de cuatro razones apremiantes para no defender tus opiniones o para no querer tener siempre razón.

Comprométete a estar una hora, y después cuatro horas, y después un día, y después una semana entera, sin defender tus opiniones.

Ser impecable con tus palabras significa utilizar tu energía correctamente; significa utilizar tu energía en la dirección de la verdad y el amor por ti mismo.

UTILIZA EL PODER DE TUS PALABRAS EN LA DIRECCIÓN DE LA VERDAD Y EL AMOR

Completa las siguientes frases:

No soy impecable con mis palabras cuando...

Podría ser impecable con mis palabras si...

Puedo utilizar el poder de mis palabras en la dirección de la verdad si…

Puedo utilizar las palabras para compartir mi amor siempre que…

Haz una lista de cuatro ocasiones en las que el mal uso de tus palabras te causase un sufrimiento innecesario a ti mismo o se lo causase a otra persona.

Haz una lista de cuatro razones apremiantes para ser impecable con tus palabras.

Establece un nuevo acuerdo contigo mismo a fin de ser impecable con tus palabras y escríbelo en un papel.

Nutre tus semillas de amor leyendo a diario el acuerdo que has escrito durante un tiempo mínimo de cuatro semanas o hasta que hayas establecido firmemente el hábito de ser impecable con tus palabras.

Utiliza las palabras para compartir tu amor. Cuando eres impecable con tus palabras te sientes bien, eres feliz y estás en paz.

SIMBOLIZA EL PODER DE TUS PALABRAS

Selecciona un objeto que te sirva para simbolizar el poder de tus palabras y para recordarte que *seas impecable con ellas.*

Asegúrate de colocar el objeto en un lugar en el que puedas verlo cada día: en la cómoda, en el coche, en el escritorio, en la cocina... Es importante que el símbolo resulte significativo para ti. Aquí tienes algunas sugerencias:

Imagínate que las palabras son semillas que contienen el potencial de convertirse en un campo entero o en un bosque de su propia especie. Algunas semillas se convertirán en un precioso campo de flores o en un fascinante bosque de árboles; otras crearán un campo de malas hierbas y cardos. (Cualquier semilla, como por ejemplo una bellota, puede funcionar como símbolo.)

Imagínate que las palabras son como espadas de doble filo. Un filo representa la «verdad» y tiene el poder de crear el sueño del cielo; el otro representa la «mentira» y tiene el poder de crear el sueño del infierno. (Haz un dibujo de una espada, o busca una espada en miniatura en una juguetería.)

Imagínate que las palabras son piedras mágicas con el poder de hacer o deshacer un hechizo. Una cara de la piedra es negra; la otra es blanca. (Cualquier piedra sirve y puedes pintarla tú mismo.) La piedra mágica también podría ser una piedra preciosa que utilizas como joya: un anillo, un collar o una pulsera. Si escoges una joya, puedes llevarla puesta cada día.

Imagínate que las palabras son notas musicales o sonidos de la escala musical. Cuando toques algunas palabras en tu mente, te sentirás animado y con el espíritu elevado; con otras, te sentirás abatido. (Haz un dibujo de unas notas musicales o encuentra un instrumento musical en miniatura.)

ACUERDO SER IMPECABLE CON MIS PALABRAS

Establezco este acuerdo el día ________ (fecha) con el propósito de aumentar mi felicidad y mi libertad personal. Soy responsable de crear mi propio sueño del cielo en la tierra, y este empieza con el poder de mis palabras.

Elijo ser impecable con mis palabras. Prometo honrarme a mí mismo, hablar con integridad y escoger mis palabras cuidadosamente. Me *propongo* utilizar el poder de mis palabras en la dirección de la verdad y el amor. Prestaré *atención* a la forma en que empleo las palabras. Emprenderé a diario la *acción* de mantener la impecabilidad de mis palabras. *Repetiré* esta acción hasta que el hábito esté firmemente establecido y ya no requiera mi atención. El símbolo de mi compromiso con este acuerdo es ________________.

Firma: ________________________

Testigo: ______________________

3

El sueño

La función de la mente humana es soñar, pero hemos aprendido a hacerlo sin ser conscientes de ello.

Y comprendió que todos soñaban, pero sin tener conciencia de ello, sin saber lo que realmente eran.

—Espejo Humeante

DESDE LA PERSPECTIVA TOLTECA, TU VIDA ENTERA HA sido un sueño. Ahora mismo estás soñando con el cerebro despierto, y también sueñas cuando está dormido.

Sé que quizás esto sea algo difícil de comprender, pero si utilizas tu imaginación resultará muy claro. Imagina un espejo perfecto que refleja lo que existe fuera de él. Por supuesto, no podemos tocar lo que está en su interior porque sólo se trata de una ilusión. Lo que vemos en el interior del espejo es una realidad virtual y sabemos que no es real.

Lo mismo ocurre con la mente del ser humano. La retina que está en el interior del ojo es como un espejo perfecto. Todo lo que ves ahora mismo es una imagen creada en la retina de tu ojo. La diferencia entre el espejo y tu ojo estriba en que detrás del ojo se encuentra el sistema nervioso, que analiza e interpreta todo lo que percibimos. El ojo, el cerebro y la mente trabajan unidos de una manera tan perfecta que juraríamos que la imagen es real. Pero lo que vemos en el interior de nuestra mente es una realidad virtual creada por imágenes de luz. Este reflejo de la luz es el sueño.

La luz reproduce todas las imágenes en nuestro ojo, refleja cada objeto, y como es capaz de proyectar una imagen tan detallada, no advertimos que lo que percibimos es la luz. El sistema nervioso no se da cuenta de que estamos soñando. La luz crea la mente humana con sus distintos componentes, incluidas las emociones, y sólo se trata de un sueño.

Este sueño está activo en todas partes, no sólo en los seres humanos, sino en las plantas, en las rocas, en todas las cosas, porque la luz difunde toda la información que proviene de la Vida en el interior de cada forma de la materia. La luz es la mensajera de la Vida; contiene toda la información, todo el poder, todas las posibilidades y todo el potencial de la Vida. Proviene de todas partes y lo llena todo. Las diferentes frecuencias de la luz actúan como un molde o un anteproyecto para las distintas formas de vida. Sólo existe un ser que se manifiesta en miles de millones de formas diferentes.

Percibimos la luz que proviene del exterior, y esa luz crea el armazón de nuestro sueño, pero también percibimos la luz reflejada en la realidad virtual del interior de nuestra mente. Percibimos nuestro propio sueño, que también es luz. Cuando nuestro cerebro está dormido, el sueño tiene tendencia a cambiar con rapidez porque no existe ninguna armazón. ¡Cualquier cosa en la que centremos nuestra atención pasará como un silbido! Nuestro sueño cambia en un instante. Cuando nuestro cerebro está dormido, todo es posible. Podemos volar y hacer todas esas cosas maravillosas que no somos capaces de hacer cuando estamos despiertos porque la mente racional hace que nuestras creencias sean completamente rígidas.

Cuando el cerebro está despierto, damos forma y dirección a toda la creación y la vemos como si fuese una totalidad. Con esa armazón tenemos una noción del tiempo y el espacio; pensamos que es este día y esta hora. La mente racional crea la ilusión del tiempo y el espacio a fin de justificar el sueño de nuestra mente. Pensar es soñar con un lenguaje; no es otra cosa que el esfuerzo que hace la mente para justificar el sueño. El tiempo y el espacio son una ilusión; están en la realidad virtual. Lo único que existe es el aquí y ahora.

Los antiguos chamanes utilizaban plantas alucinógenas como el peyote para distorsionar la percepción del cerebro y brindar la conciencia de que se está soñando. Pero imagínate que el cerebro es como una computadora perfecta. Si viertes una taza de café en su interior, comprenderás lo que le ocurre a la mente humana cuando se le da una droga alucinógena. Lo que ocurre es que funciona mal. La percepción deja de ser perfecta; los colores se mezclan, la estabilidad cambia, y de repente, resulta obvio que la mente está siguiendo un programa; está soñando.

Por lo general, tu cerebro, tus ojos y tu mente piensan con tanta perfección que si ves que los colores se mezclan, la mente racional intenta justificarlo diciendo: «Veo a Dios; estoy teniendo una experiencia espiritual». Pero se trata tan sólo de un funcionamiento defectuoso que nos demuestra el hecho de que nuestro cerebro puede crear la ilusión de una realidad completa. No recomiendo nunca tomar drogas o utilizar el poder de las plantas porque pueden dañar el cerebro, y no se trata de eso. No hay ninguna necesidad de dañar nuestro cerebro para demostrar que estamos soñando.

Vivimos en un mundo habitado por miles de millones de seres de nuestra propia especie que no saben que están soñando. Además, todos participan en un sueño todavía mayor, el sueño de la sociedad. Nuestros sueños se superponen y cada uno de nosotros sueña una parte del sueño completo, *el sueño del planeta,* formado por la proyección de miles de millones de sueños personales.

Todos vivimos en una realidad virtual. No tenemos elección; la mente está programada para soñar, y eso puede ser algo muy bello. Si te encuentras con alguien y captas su atención, puedes empezar a intercambiar información, y pronto conoces muchas cosas de su sueño personal. Recibes información sobre sus amigos, su trabajo, sus películas favoritas, los deportes que le gustan o cualquier otra cosa, según lo que proyecte en ti. Todas esas posibilidades distintas están ahí; se trata de una realidad diferente que se desarrolla y es tan real como cualquier otra.

Cuando comprendemos que estamos soñando, puede resultar muy excitante. ¿Por qué? Porque tan pronto como cobramos conciencia de que nuestro sueño está hecho de luz, entonces también sabemos que podemos cambiar con la rapidez de la luz, y nuestra vida empieza a transformarse de inmediato. Sabemos que podemos cambiar nuestras creencias siempre que lo necesitemos porque ya no son rígidas. Las preocupaciones de nuestra vida ya no parecen reales; sabemos que se trata de un sueño y que puede cambiar. Todos los elementos del sueño que antes formaban nuestro conocimiento y que estaban atrapados en el interior del sistema de creencias, ya no son rígidos; ya no constituyen la verdad, y lo sabemos.

Una vez que comprendemos que estamos soñando, el conocimiento deja de controlar nuestra fe. Entonces, sucede lo opuesto: nuestra fe controla nuestro conocimiento; controla nuestros acuerdos y nuestras creencias. Aceptamos que cambiar el sueño es nuestra responsabilidad, y nos dedicamos a ser responsables.

Una vez que comprendemos que estamos soñando, sabemos que todas las personas que nos rodean también están soñando, con o sin conciencia de ello. En ese momento comprendemos que el punto de vista que otra gente utiliza para ver el mundo no tiene nada que ver con nosotros. Llegados a este punto, ni tan siquiera tratamos de no tomarnos nada personalmente. No nos tomamos nada personalmente porque sabemos que todas las personas están soñando y sólo se trata de su punto de vista. Por supuesto, la gente que nos rodea se tomará las cosas personalmente. Utilizará su Libro de la Ley para juzgarnos y para juzgar a todo el mundo, pero ahora ya ni siquiera intentamos defendernos. Sabemos que, a menos que cambie su manera de soñar, nunca creerá lo que digamos.

No esperamos que los demás nos entiendan. Todavía dirigen su vida con su Libro de la Ley personal, y aún comparan notas con otras personas. Nosotros los comprendemos porque antes también éramos así, pero ellos no nos comprenden a nosotros.

Cuando llegamos a este punto ya no hacemos suposiciones. Sabemos que el resto de los seres humanos está soñando, es un hecho, como lo es que cualquier cosa que digan ahora en su mente puede cambiar de inmediato o al día siguiente. El soñador y el sueño están cambiando y transformándose constantemente, de modo que ¿cómo podemos hacer suposiciones cuando sabemos que todo está cambiando? También sabemos que no podemos suponer que los demás serán como nosotros queremos que sean. En este punto, sólo tenemos dos opciones: los amamos tal como son y respetamos todos los cambios que se produzcan en ellos, o nos marchamos. Ya no estamos atados a las consecuencias, porque contamos con nuestra fe.

Antes de ser conscientes de que estamos soñando, hacemos suposiciones constantemente porque el conocimiento tiene poder sobre nosotros. Una vez que somos nosotros los que tenemos poder sobre el conocimiento, ya no existe ninguna necesidad de hacer suposiciones. El conocimiento se convierte en una herramienta que utilizamos para comunicarnos. Podemos preguntar y podemos comprender; podemos expresarnos y podemos escuchar a otras personas cuando expresan su propio sueño.

Cuando llegamos a este punto, toda nuestra vida se convierte en magia. Los milagros tienen lugar, y acontecen sin parar. Sólo existe una cosa que podemos utilizar para guiar nuestras acciones, nuestras reacciones y nuestras interacciones con todos esos soñadores que no tienen conciencia de serlo, y es nuestra integridad. Nuestra integridad es lo que somos en realidad, la totalidad de nuestro propio yo.

Aquellas personas que gobiernan su vida mediante el Libro de la Ley, tienen la *ilusión* de la integridad, pero en realidad carecen de ella. Cada vez que se rechazan a sí mismas demuestran una falta de integridad. Cada vez que creen que no son perfectas es porque les falta integridad. Cada vez que sufren, cada vez que sienten celos, rabia o envidia, cada vez que crean un drama, cada vez que van en contra de sí mismas manifiestan una falta de integridad.

Recobramos nuestra integridad cuando somos impecables con nuestras palabras. La perdimos la primera vez que rompimos nuestra palabra, la primera vez que fuimos en contra de nuestro propio yo. Cuando nos traicionamos a nosotros mismos, rompemos nuestra integridad. Desde el momento en que eso ocurre, entregamos toda nuestra lealtad al Libro de la Ley. Parece que cualquier cosa que vaya en contra de él va en contra de nuestra integridad, pero eso no es exactamente verdad, porque utilizamos el Libro de la Ley en contra de nuestro propio yo. Lo utilizamos para rechazarnos a nosotros mismos, para mantener todos esos acuerdos que nos conducen a un drama emocional.

Una vez que somos conscientes de que estamos soñando, el Libro de la Ley ya está roto, y entonces recuperamos nuestra integridad y somos capaces de sentirla. Antes de que el Libro de la Ley esté roto, no seguimos nuestra integridad, sino las reglas del libro. Conceptos como la culpa, el reproche, lo correcto, lo incorrecto, la lealtad y el patriotismo nos afectan muy profundamente porque creemos en ellos. Y esto nos convierte en una presa fácil para ser manipulados por el sueño del planeta. Incluso conceptos como lo que es bello o feo son acuerdos que primero controlan la sociedad y después controlan la mente individual. Entregamos nuestro poder a esos acuerdos, nos convertimos en sus esclavos, y posteriormente, otra gente utilizará esos valores para manipularnos. Una vez que el Libro de la Ley está roto, esos valores dejan de ser una herramienta de manipulación de los seres humanos.

Cuando recuperas tu integridad, ya no te acercas a nadie para pedirle su aprobación, porque eso significaría pedir la aprobación de su Libro de la Ley. La única respuesta que esta persona te puede dar está basada en su Libro de la Ley, que a ti no te sirve en absoluto. Necesitas confiar en ti mismo. No puedes acercarte a alguien y preguntarle: «¿Está bien lo que estoy haciendo? ¿Está mal lo que estoy haciendo?». No. Estás solo, y gracias a Dios que lo estás, porque eso quiere decir que eres libre para ser tú mismo de nuevo, y tu integridad no te permitirá actuar en contra de ti mismo. Sabrás que has recuperado tu integridad cuando te sientas bien, cuando te sientas feliz. Siempre que no te sientes bien es porque te has juzgado a ti mismo, y ese juicio está utilizando el Libro de la Ley para hallarte culpable. Te avergüenzas de ti, y esa es la razón por la que no te sientes bien.

Los Cuatro Acuerdos nos ayudan a alinearnos con nuestra integridad. El primer acuerdo *(Sé impecable con tus palabras)* está completamente alineado con nuestra integridad. El segundo y el tercero *(No te tomes nada personalmente y No hagas suposiciones)* nos hacen inmunes al Libro de la Ley y a todas las personas que nos rodean. Con esa inmunidad, podemos estar seguros de que el sueño externo no escogerá nuestras creencias por nosotros de nuevo. Y el cuarto acuerdo *(Haz siempre lo máximo que puedas)* es el motor que nos hace avanzar hacia delante; es la acción.

El sueño está vivo y puede cambiar con tanta rapidez como la luz, con tanta rapidez como la Vida. Cuando nuestra conciencia está ahí — en la luz en lugar de en la bruma, en nuestra fe en lugar de en nuestro conocimiento — recobramos nuestra fe, nuestra voluntad y nuestro poder. Y descubrimos que tenemos el poder de hacer elecciones, de arriesgarnos, de proyectar, de percibir, de relacionarnos y de gobernar el sueño. Nos convertimos en artistas del sueño, y creamos una obra maestra, la más bella, con el sueño de nuestra vida.

Crear una obra maestra en lugar de una pesadilla, en lugar de los dramas emocionales, puede resultar muy estimulante. Pero si no somos conscientes de que se trata de un sueño, no habrá manera de cambiarlo. La mayoría de las personas nacen, se hacen mayores y mueren y nunca advierten que toda la vida es un sueño, de modo que quedan atrapadas en su propia pesadilla. Cuando vivimos sin conciencia, algo en nuestro interior nos dice constantemente: «Es un sueño; esto no puede ser real». Pero no estamos seguros de que sea un sueño; podría ser *real*.

La mente racional está en la realidad virtual; sin embargo, no tiene ninguna conciencia de encontrarse en ella, de modo que intenta justificar, explicar y encontrarle un sentido a todo. La mente racional siempre quiere respuestas. Aun cuando sean equivocadas, estas respuestas nos hacen sentir seguros. Esa es la razón por la cual los seres humanos hacemos todas esas suposiciones, creamos todas esas teorías y construimos todo ese conocimiento que es completamente falso. Considera el conocimiento de la sociedad europea de hace quinientos o seiscientos años y verás que había muchos libros que explicaban el mundo de los ángeles y el de los demonios, la vida tras la muerte, ir al cielo e ir al infierno.

Esa mitología es bella, el arte es bello, pero no es verdad. No es más que mitología; es un caramelo para la mente racional y está lejos de la verdad, pero en su momento proporcionó una estructura que hizo que aquellos seres humanos se sintieran seguros. Sin embargo, esa filosofía también se utilizó para juzgar a la gente, condenarla e incluso matarla. ¿A cuánta gente se mató durante la Inquisición? ¿A cuántas personas se quemó en la hoguera porque se pensaba que eran brujas o porque no creían que la Tierra fuera el centro del universo?

La humanidad ha progresado mucho. Basta con ser consciente de que toda la sociedad está soñando para ver todas las posibilidades; puedes ver que vamos en la dirección correcta. Pero, por supuesto, a fin de cambiar la sociedad entera, en primer lugar tenemos que cambiar nosotros mismos.

Idea práctica para la Maestría de la Conciencia. Tu auténtico yo

Una vez que supo lo que en verdad era, miró a su alrededor y vio a otros seres humanos y al resto de la naturaleza, y le asombró lo que vio.

Tu integridad es quien realmente eres, lo que realmente eres, la totalidad de tu verdadero yo. Dedica unos pocos instantes cada día a conectar con el recuerdo de lo que eres. Permítete imaginar la posibilidad de que estás hecho de una cierta frecuencia de Luz. La luz es la mensajera de Dios; contiene toda la información, todas las posibilidades y todo el poder. Imagínate que estás hecho de Luz, de Espíritu. No hay nada que necesites hacer. No hay nada que necesites ser excepto lo que realmente eres. Recuerda lo que eres y el sueño de tu vida no tendrá límites.

Segunda Parte

La Maestría de la Transformación

4

La segunda atención

Utiliza tu voluntad y tu atención por segunda vez.

Ahora depende de ti escoger qué creer y qué no creer. Puedes creer en cualquier cosa, y eso incluye creer en ti mismo.

LA PRIMERA VEZ QUE LOS DEMÁS UTILIZAN NUESTRA atención somos inocentes. De niños se nos programa para soñar como lo hace el sueño externo; no tenemos elección. O bien alguien capta nuestra atención para enseñarnos o bien concentramos nuestra atención para aprender.

La atención es esa parte de nuestra mente capaz de discernir y de concentrarse en cualquier cosa que queramos percibir. Aquello en lo que centramos nuestra atención es lo que experimentamos: nuestro sueño personal.

Los seres humanos que se encuentran a tu alrededor han captado tu atención y han alimentado todas tus creencias, y el resultado de ello es el sueño que estás viviendo en estos instantes. Cuando alguien capta tu atención, crees que eres tú quien voluntariamente decides prestarle atención, pero esa decisión es sólo un hábito, un programa. Es como si se apretara un botón desde el exterior y todo lo que hay en tu interior supiera lo que debe hacer y de qué modo reaccionar.

Decimos que los seres humanos tienen libre albedrío, pero esto difícilmente es verdad. Nuestra voluntad está controlada por el sueño del planeta; el sueño externo capta nuestra atención y nosotros obedecemos la voluntad exterior. Cuando seguimos el programa, apretamos un botón y empezamos a andar; apretamos otro botón y andamos hacia la derecha, o hacia la izquierda, o nos paramos. El programa contiene todas las respuestas físicas y emocionales, y nosotros respondemos automáticamente sólo porque estamos acostumbrados a que a una acción le siga una determinada reacción.

Si tuviésemos libre albedrío, ¿escogeríamos estar enfadados o tristes o sentir envidia? En mi opinión resulta obvio que no es nuestra elección. Por supuesto, podemos mentirnos a nosotros mismos y decir: «Tengo libre albedrío; puedo elegir». Pero cada vez que sufrimos demostramos que no tenemos el poder de hacer una elección. Si tuviésemos libre albedrío nunca escogeríamos convertirnos en víctimas, porque, cuando lo somos, estamos llenos de rabia y de miedo. E, indudablemente, nunca escogeríamos herir a las personas que amamos.

Lo que los toltecas denominan *la segunda atención* es el proceso de aprender a utilizar nuestra atención por segunda vez para empezar la transformación de nuestro sueño. En el sueño de la segunda atención controlamos nuestra atención desde el interior, escapamos del sueño del planeta y creamos otro completamente nuevo: nuestro sueño personal del cielo en la tierra.

En el sueño de la segunda atención, vivimos en el mismo mundo, pero con una diferencia: ahora ya no somos inocentes; podemos hacer la elección de creer en cualquier cosa que queramos creer. Utilizando nuestra conciencia, podemos centrar la atención en nuestra vida diaria a fin de programarnos de nuevo a nuestra propia manera.

En el sueño de la segunda atención, descubrimos que somos responsables de nuestras propias elecciones. Lo que acordamos creer es por elección propia; ya no es la elección de las imágenes que creemos que somos, ni la de un ego que pretende saberlo todo, sino una elección que parte de nuestra propia integridad. En el nuevo sueño sólo consagramos nuestra fe a los acuerdos que apoyan a la Vida, lo que aumenta nuestra dicha, nuestra felicidad y nuestra libertad. Rompemos los acuerdos que se basan en las mentiras y establecemos otros que se basan en la verdad. El significado y la percepción de nuestro sueño se transforman por completo, porque nuestros acuerdos han cambiado. En el sueño de la segunda atención descubrimos que todo es posible. Sin embargo, para soñar de este modo, primero necesitamos controlar nuestra atención desde el interior.

Digamos que alguien me llama: «Miguel». Eso capta mi atención y me doy la vuelta para decir: «¿Qué quieres?». Esa persona dice lo que quiere, y si yo estoy interesado, si me importa, estoy ahí. Pero hago la elección de si es importante para mí o no lo es. Si no me interesa, inmediatamente aparto mi atención y digo: «Olvídalo», y de este modo dirijo mi atención en otras direcciones.

Esa es la razón por la que algunas personas creen que tengo mala memoria. No es porque me esté volviendo viejo ni porque le esté pasando algo a mi cerebro. Lo que ocurre es que la gente capta mi atención y yo la centro en lo que me dice. Si lo que alguien me dice no se alinea con mi sueño, con mis creencias, entonces veo su sueño y mantengo una conversación con esa persona, pero su sueño no es asunto mío y lo dejo marchar. Aparto mi atención y vivo en el momento. No vivo en el pasado; ya no llevo conmigo esas formas de pensamiento. Unos minutos más tarde, sencillamente me olvido del tema de la conversación porque en mi sueño no hay lugar para todos los dramas que los seres humanos crean. Si alguien me pregunta lo que me ha dicho esa persona, le digo que no me acuerdo. Ocurrió hace mucho tiempo, aun cuando haya sucedido esa misma mañana.

Pero digamos que algo me parece muy interesante. Capta mi atención y estoy ahí en todo momento porque esa es mi elección. Entonces, sí, el exterior puede captar mi atención, pero lo que la mantiene es otra historia. No entregaré mi atención sólo porque se la requiera desde el exterior. Para mí no es necesario interesarme en lo que otra persona está haciendo. No iré en contra de mí mismo poniendo mi atención donde no quiero ponerla. Haga lo que haga, estaré allí de un modo que resulte interesante para mí, de un modo en el que pueda hacer lo máximo porque quiero hacerlo y no porque tenga que hacerlo, de un modo que me haga sentir más realizado y que también resulte mejor para los demás.

Por supuesto, esto no significa que el sueño externo se haya rendido; está programado para soñar el sueño del infierno. El sueño externo todavía tiene todo aquel conocimiento, todas aquellas opiniones, e intentará depositar esas semillas en nuestra mente y captar nuestra atención desde el exterior otra vez. Una de las maneras más fáciles de hacerlo es a través de los chismes. El acuerdo que los seres humanos tenemos entre nosotros es el de relacionarnos los unos con los otros utilizando la transferencia del veneno emocional. ¿Cómo se transfiere el veneno emocional de una persona a otra? Captando su atención.

Si, por ejemplo, acumulamos mucha rabia, sabemos que una manera de sentirnos mejor es liberarla. Pero hemos aprendido que, para hacerlo, necesitamos captar la atención de otra persona. Cuando captamos la atención de alguien para expresar nuestra rabia y desahogarnos, nos sentimos mejor, pero ahora, otra persona tiene ese veneno. Ahora esa persona siente la rabia o los celos o cualquier veneno emocional que le hayamos enviado.

Captando la atención de otra persona, podemos transferir casi cualquier clase de energía de nuestra mente a la suya, incluido el amor. Los seres humanos siempre andamos buscando a alguien cuya atención podamos captar y a quien podamos manipular, porque todos fuimos domesticados para competir por el control de la atención de los demás. Esa es la razón por la cual en las relaciones humanas existe una guerra por el control. Se trata de una guerra entre el sueño interno y el sueño externo: una guerra entre los seres humanos y el sueño del planeta por el control de la atención.

El sueño externo controla el sueño personal captando la atención de quienquiera que no tenga libre albedrío. Puede golpear fuerte — y lo hará — incluso a aquellas personas que sí lo tienen. En cualquier momento el sueño externo puede captar nuestra atención. Si esto ocurre, la clave reside en apartarla tan pronto como sea posible y conservar nuestra conciencia.

Por ejemplo, imagínate que te digo: «Eres un mentiroso». Si te lo crees, habré captado tu atención, y eso demostrará que realmente crees lo que te he dicho. Sólo diciéndotelo he dirigido tu atención hacia una de tus heridas. Si controlas tu atención desde el interior, ves la herida y puedes utilizar tu atención para cambiar tu creencia. En este momento, puedes escoger no creer que eres un mentiroso por más tiempo; tu atención controla la creencia y de este modo te sanas. Si una hora más tarde te digo: «Eres un mentiroso», ya no tienes ninguna reacción, porque esa ya no es tu creencia. Pero si te sientes agraviado es porque esa herida todavía no se ha curado; es porque crees en lo que te digo.

Sin libre albedrío, tus creencias controlan tu atención. En cambio, si controlas tu atención desde el interior, entonces tú decides en qué momento el exterior puede captar tu atención y recuperas tu libre albedrío. Una vez que recuperes tu libre albedrío, tu atención controlará tus creencias.

Las personas que te rodean son el espejo que refleja tus heridas. Quienquiera que se acerque a ti y te haga saber dónde están tus heridas te está haciendo un gran favor. Esa persona está dirigiendo tu atención al lugar en el que tienes una herida que quizá no supieses que tenías. Y si tienes libre albedrío y tu atención controla tus creencias, bastará con que cobres conciencia de esa herida para cambiarla. Puedes decir: «Gracias por ser un espejo y permitirme ver mis heridas».

Quienquiera que te haga enfadar se convierte en el mejor espejo, la mejor manera de medir tu propia evolución. No sabes lo bien que lo estás haciendo hasta que se te presenta un desafío. Cuando sólo estás tú, resulta difícil hacerte una idea. Es posible que pienses que lo estás haciendo muy bien, que vayas a un ashram y te pases cinco años en él. Quizá medites y te pases esos cinco años sin comer carne, sin tener relaciones sexuales y realizando distintas actividades para transformar tu vida. Te sientes muy bien contigo mismo, pero entonces alguien se te acerca, te hace enfadar y ¡toma!, necesitas otros cinco años en el ashram.

En una situación como esta, si no reaccionas, puedes ver tu propia evolución. Puedes comprobar que tu forma de ser anterior ya no es verdad. Lo observas y piensas: «Vaya, lo estoy haciendo bien. Estoy en una situación en la que tú estás actuando contra mí, y mírame, me siento feliz. Incluso te amo».

No es necesario huir de la vida; no es necesario negar nuestra propia naturaleza. Lo que necesitamos es desarrollar una conciencia completa y aceptarnos tal como somos. Necesitamos aprender a hacer nuestras propias elecciones, y finalmente, a controlar nuestra voluntad desde el interior. De este modo, si alguien nos molesta, sencillamente cambiamos la dirección de nuestra atención y recuperamos nuestro libre albedrío. Eso es lo que nos convierte en maestros del sueño. Lo que crea el milagro es aquello en lo que escogemos poner nuestra atención.

Idea práctica para la Maestría de la Transformación. El sueño de la segunda atención

Una manera de transformar tus creencias consiste en concentrar tu atención en todos esos acuerdos y creencias y establecer nuevos acuerdos contigo mismo. Al hacerlo, utilizas tu atención por segunda vez, y por consiguiente, creas el sueño de la segunda atención o el nuevo sueño.

¿Eres consciente de cómo utilizas tu atención? Imagínate la apariencia que tendría tu nuevo sueño si lo creas tal como lo deseas. ¿Qué dice tu nuevo sueño sobre cómo escoges tratarte a ti mismo? ¿Qué dice sobre cómo escoges relacionarte con la gente, con otras forma de vida, con Dios? En el sueño de la segunda atención, tienes derecho a ser feliz, a expresar tu creatividad, a experimentar la abundancia y a ser quien realmente eres.

Las ideas prácticas sobre el Libro de la Ley que aparecen al final del capítulo I, tenían por objetivo identificar las creencias limitadoras, basadas en el miedo, que restringen tu libertad personal y te roban la felicidad. A estas alturas, has hecho un inventario de muchas de estas creencias, y a través de este proceso has iniciado la transformación. Ahora vas a escribir de nuevo tu Libro de la Ley con un nuevo conjunto de acuerdos basados en el amor y la confianza en lugar del miedo y las mentiras.

Utiliza un diario nuevo para anotar las creencias y los acuerdos que escogerás en el nuevo sueño de tu vida. Aquí tienes algunas ideas para titular las diferentes partes de tu diario:

El sueño de la segunda atención
El arte de soñar
Mi nuevo sueño de la vida
Mi nuevo Libro de la Ley

Igual que hiciste antes, crea un título y un capítulo para, al menos, las cuatro áreas más importantes de tu vida:

Acuerdos personales: tu cuerpo y tu yo
Acuerdos sociales: familia y amigos
Acuerdos espirituales: la vida y Dios
Acuerdos económicos: trabajo y carrera

Tal vez quieras utilizar los mismos títulos, palabras y descripciones que escogiste para tu primer Libro de la Ley. Después de escribir los títulos de los capítulos en el diario, reflexiona sobre lo que escoges creer en cada una de estas esferas de tu vida.

Vuelve atrás y revisa todas las creencias limitadoras, basadas en el miedo, que identificaste anteriormente y los nuevos acuerdos que escribiste a fin de reemplazar cada una de esas creencias. Después, considera de qué modo puedes transformar tus costumbres y rutinas controlando tu atención desde el interior.

Tienes que saber qué acuerdos deseas cambiar antes de poder cambiarlos.

A fin de cambiar un acuerdo, centra tu atención en él. Sólo tú sabes cuáles son los acuerdos que no funcionan. Empieza por hacerte las siguientes preguntas:

¿Qué aspectos de mi vida representan un desafío para mí en la actualidad?

¿Qué problemas específicos quiero resolver?

¿Qué emociones desagradables siento?

¿Qué acciones o elecciones me llevan a tener estos sentimientos desagradables?

¿Qué acuerdos he establecido que apoyan estas acciones?

¿Qué acciones puedo emprender para cambiar la reacción?

¿Qué acuerdos apoyarían estas acciones?

Considera tus respuestas a las preguntas anteriores. Aun cuando una acción parezca ir en contra de otra persona y te haga sentir culpable, avergonzado o desdichado, también va en contra de ti mismo. He aquí un ejemplo:

En la actualidad, el aspecto de mi vida que me plantea un mayor desafío es el de ser padre.

El problema específico que quiero resolver es el de ser un mejor padre para mis hijos.

La emoción desagradable que siento es la culpabilidad.

Las acciones que llevo a cabo y que me conducen a este sentimiento son:

1. Grito a mis hijos cuando no me escuchan.

2. Dedico la mayor parte del tiempo a realizar las tareas del hogar, y el tiempo que paso con mis hijos no es de calidad.

Los acuerdos que he establecido y que apoyan estas acciones son los siguientes:

1. He acordado que está bien que les grite a mis hijos cuando no me escuchan.

2. He acordado que está bien que otras cosas atraigan mi atención y me impidan dedicar un tiempo de calidad a mis hijos.

Las acciones que puedo emprender para cambiar la reacción son:

1. Puedo dejar de gritar a mis hijos.
2. Puedo dedicar más tiempo a mis hijos.

Los acuerdos que apoyarían estas acciones son:

1. No estoy de acuerdo con que esté bien que les grite a mis hijos. Escojo hablarles en un tono firme pero amoroso incluso cuando esté disgustado con ellos.

2. No estoy de acuerdo con que esté bien permitir que otras cosas atraigan mi atención y me aparten de mis hijos. Escojo pasar un tiempo de calidad con mis hijos a diario.

Recuerda: alcanzas la Maestría de la Transformación cambiando los acuerdos que te hacen sufrir y programando de nuevo tu mente a tu manera. Otro modo de conseguirlo consiste en adoptar acuerdos alternativos, como los Cuatro Acuerdos, y convertirlos en tu código personal de conducta. Utilizando el ejemplo anterior, repasa cada uno de los Cuatro Acuerdos y pregúntate qué acciones emprenderías como padre si vivieses basándote en esos principios.

Podemos declararle la guerra al Parásito, que es el Juez y la Víctima, una guerra por nuestra independencia, por el derecho de utilizar nuestra propia mente y nuestro propio cerebro.

Declárale la guerra al Parásito

La decisión de adoptar los Cuatro Acuerdos es una declaración de guerra con el fin de recuperar la libertad que nos fue arrebatada por el Parásito, que es el Juez, la Víctima y el Libro de la Ley. Escribe la siguiente declaración tres veces, en tres papeles diferentes, y coloca cada uno de ellos en un lugar que te recuerde tu compromiso con la libertad personal:

«Le declaro la guerra a mi Parásito con el fin de recuperar la libertad de utilizar mi propia mente y mi propio cuerpo, la libertad de convertirme en el arquitecto de mi propia vida, la libertad de diseñar la vida que siempre he soñado y crear una obra maestra.»

Los viejos acuerdos dirigen nuestro sueño de la vida porque los repetimos una y otra vez. Por consiguiente, para adoptar los Cuatro Acuerdos, es necesario que utilices también la repetición. La repetición hace al maestro.

Herramientas para la transformación

Piensa un momento en cómo memorizas un número de teléfono. El número no se almacena en tu memoria hasta que no estás de acuerdo en hacerlo. Una vez que lo has acordado, utilizas tu voluntad y tu atención para grabar el número en tu memoria. Recuerda este proceso mientras creas el sueño de la segunda atención. Utiliza las herramientas de la intención, la atención, la acción y la repetición:

Intención: Determina tu intención; comprométete a cambiar el acuerdo. Esto prepara el camino para la acción.

Atención: Aprende a controlar tu atención desde el interior. Sé consciente de que en el sueño externo habrá muchas cosas que competirán por tu atención.

Acción: Emprende la acción. Sin acción no habrá cambio, ni crecimiento ni recompensa.

Repetición: Practica una y otra vez la acción hasta que el acuerdo esté firmemente establecido y programado en tu memoria. La repetición hace al maestro.

Por ejemplo:

Intención: Tengo la intención de dominar los Cuatro Acuerdos.

Atención: Cada día prestaré atención a mis pensamientos, mis sentimientos y mis acciones.

Acción: Cada día emprenderé las siguientes acciones para asegurarme de cumplir mis nuevos acuerdos: ...

Repetición: Repetiré estas acciones al menos durante cuatro semanas.

Igual que el infierno, el cielo es un lugar que existe en nuestra mente. Es un lugar lleno de júbilo, en el que somos felices, en el que somos libres para amar y ser nosotros mismos. Podemos alcanzar el cielo en vida; no tenemos que esperar a morirnos.

El cielo en la tierra

¿Cuál es tu idea del cielo en la tierra? ¿Has dedicado alguna vez unos instantes a reflexionar sobre esta cuestión? Describe tu sueño con todo detalle.

¿Eres consciente de lo que te produce un mayor júbilo?

Siento el mayor júbilo siempre que...

¿Eres consciente de lo que te inspira o de lo que hace que tu espíritu se eleve?

Cuando más inspirado me siento es...

El último juicio

Dedica los próximos veinte minutos a utilizar tu imaginación para soñar un nuevo sueño.

Imagínate cómo sería tu vida si hoy fuese el día de tu último juicio; si después de hoy dejases de juzgarte a ti mismo y de juzgar a los demás.

Imagínate cómo sería tu vida si la voz del conocimiento que se encuentra en tu mente dejase de hablarte; si esa voz en tu cabeza te dejase en paz y sólo siguieses a tu corazón.

Imagínate cómo sería tu vida si la voz del conocimiento estuviese en silencio porque no necesitas pensar en lo que sabes, no necesitas aprender a ser lo que eres.

Imagínate cómo sería tu vida si pudieses expresar lo que eres con júbilo en lugar de juzgarte.

¿Cómo te hace sentir esto? Captura el sentimiento y recuérdalo. Este es el principio de un nuevo sueño.

5

Acción–Reacción

Utiliza los Cuatro Acuerdos para cambiar tus acciones y reacciones.

Los maestros del sueño hacen de su vida una obra maestra; controlan el sueño haciendo elecciones. Todo tiene sus consecuencias, y un maestro del sueño es consciente de ellas.

CADA ACCIÓN TIENE UNA REACCIÓN, Y A LO LARGO de nuestra vida repetimos nuestras acciones y sufrimos las mismas reacciones. Quizá no seamos capaces de ver las acciones o las elecciones cuando las llevamos a cabo, pero siempre veremos la reacción, el resultado de lo que hacemos. Muchas veces en nuestra vida hay cosas que no nos gustan, que queremos cambiar, pero cometemos los mismos errores y hacemos las mismas elecciones esperando que el resultado sea diferente. Pues bien, no lo será.

El único medio para cambiar tu vida consiste en cambiar tus elecciones y acciones. Si hay algo que no te gusta en tu vida, en primer lugar tienes que ser consciente de que se trata del resultado de algo que haces. Es el resultado de una elección que hiciste. Entonces, si das un paso atrás y centras tu atención en lo que ocurrió justo antes de obtener ese resultado, descubrirás qué fue lo que hiciste que ahora no funciona, qué fue lo que dio lugar al resultado que no deseas.

Una vez que hayas descubierto la acción que emprendiste, el siguiente paso consiste en perdonar la reacción, cambiar la elección y la acción y ver qué reacción se produce después. Si este resultado tampoco te gusta, cambias de nuevo la elección y la acción, tantas veces como sea necesario, hasta que consigas el resultado que deseas.

Quizá no puedas controlar qué va a suceder a tu alrededor, pero indudablemente sí puedes controlar tu reacción. La clave para tener una vida maravillosa se basa en tus reacciones. ¿Por qué? Porque lo que te hace feliz o infeliz no es lo que acontece a tu alrededor, sino cómo escoges reaccionar ante ello. Si eres capaz de aprender a cambiar tus reacciones, entonces podrás cambiar tus costumbres, tus rutinas, el programa y tu vida.

Imagínate que hace diez años cometiste un gran error a los ojos de todo el mundo. Fuiste severamente juzgado por los demás y tú también te juzgaste del mismo modo. Pero ¿acaso haber cometido un error significa que debes sufrir el resto de tu vida? No es justo. Tu reacción es la de vivir con vergüenza, sentimiento de culpabilidad y una baja autoestima; es la de sentir que eres despreciable y querer poner fin a tu vida, y quizás ni siquiera sepas por qué.

Bien, da un paso atrás y lo descubrirás. Es porque todavía sigues llevando a cabo la misma acción y eso te conduce a la misma reacción. Crees que aún estás sufriendo por lo que te ocurrió hace diez años, pero no es cierto. La verdad es que estás sufriendo por lo que ha sucedido hace un minuto o hace treinta segundos.

La excusa para tu sufrimiento es: «Hace diez años cometí una terrible equivocación». La verdad es que te juzgaste hace treinta segundos.

Si descubres que en este mismo instante estás viviendo con un sentimiento de vergüenza o de culpabilidad, piensa en lo que hiciste justo antes de sentirte así y comprobarás que te juzgaste a ti mismo. ¿Cuál fue la acción? ¿Cuál es la reacción? La acción fue la autocrítica, el rechazo de ti mismo. La reacción es que te consideras culpable y te lo crees. Tu fe está ahí y te dice: «Necesito un castigo». Y se hará tu voluntad: recibirás tu castigo.

Ahora veamos de qué modo los Cuatro Acuerdos pueden ayudarte a romper el viejo acuerdo de juzgarte y castigarte y crear uno nuevo para perdonarte a ti mismo.

Hace treinta segundos, cuando te juzgaste a ti mismo, no fuiste impecable con tus palabras. Lo que hiciste fue utilizarlas en contra de ti.

Hace treinta segundos, te lo tomaste personalmente: ¡algo que ocurrió hace diez años! Se trata de un fantasma en tu mente, ya no es verdad, pero te lo tomaste personalmente.

Hace treinta segundos, hiciste la gran suposición de que todo el mundo recuerda el error que cometiste hace diez años y todavía te condena por ello.

Hace treinta segundos, no hiciste lo máximo que pudiste porque la acción que emprendiste te hizo sentir desdichado.

Ahora sabes que te sientes desdichado porque hace treinta segundos te juzgaste a ti mismo. Si no quieres sentirte desdichado, tienes que cambiar la acción que originó esa reacción. En primer lugar debes ser impecable con tus palabras. Realmente has de comprometerte a ser impecable. Cuando recuerdes lo que ocurrió hace diez años, en lugar de juzgarte a ti mismo, puedes cambiar la acción y decir: «Me perdono». Entonces, la reacción también cambiará. ¿No te parece lógico? Se trata sencillamente de sentido común. «Me perdono.» Ahora eres impecable con tus palabras.

En segundo lugar, no te tomes nada personalmente. Eso significa que, aunque cometas un error y otras personas reaccionen y te juzguen, no se trata de nada personal. Sabes que viven en su propio sueño.

En tercer lugar, no hagas suposiciones sobre lo que otras personas piensen de ti. Nunca podrás saber lo que tienen en la cabeza ni cómo es su sueño.

Finalmente, haz lo máximo que puedas. Pero sólo hay una manera de conseguirlo, y es haciéndolo. No diciendo: «Lo haré» o «Lo intentaré». Lo que realmente importa es la acción.

La acción consiste, en primer lugar, en cobrar conciencia de que si no eres feliz es a causa de algo que hiciste. En segundo lugar, consiste en utilizar tu atención para concentrarte en la acción y la reacción e identificar cuál fue la acción que llevaste a cabo. Si examinas lo que sucedió antes de empezar a sentirte desdichado, verás de qué acción se trata. En tercer lugar, consiste en centrar tu atención en los Cuatro Acuerdos y aplicarlos a cada acción y cada reacción. Mediante este proceso podrás substituir todas las acciones y reacciones de tu vida del siguiente modo: conciencia, atención, acción y reacción. El resultado es muy poderoso.

Mi sugerencia es que continúes centrando tu atención mediante tu integridad y que hagas elecciones que no vayan en contra de ti mismo. Si actúas de este modo, podrás valorar tus elecciones según la acción que emprendas y la reacción que experimentes. Esta elección proviene del amor; aquella proviene del miedo. Esta elección me hace feliz; aquella me hace sufrir.

La parte que resulta más difícil es la de cobrar conciencia. Todo lo que aprendemos del sueño externo va en contra de la conciencia; practicamos cada acuerdo que creamos, y todos ellos van en contra de nuestra conciencia. Pero también podemos practicar la conciencia hasta recobrarla por completo. Para conseguirlo tenemos que romper nuestros acuerdos con el conocimiento y reafirmar nuestro compromiso de respetar los Cuatro Acuerdos.

Los Cuatro Acuerdos van en contra de la mayoría de acuerdos que aparecen en nuestro Libro de la Ley y nos ayudan a desvincularnos de la información que proviene del Parásito. Nos ayudan a romper el código del programa en nuestra mente, pero es necesario practicarlos, y la única manera de hacerlo consiste en centrar nuestra atención.

Para cambiar nuestros acuerdos, en primer lugar tenemos que saber qué acuerdos queremos cambiar. Después, necesitamos tener el suficiente poder personal para cambiarlos, pues nuestra mente racional no es capaz de hacerlo. Para conseguirlo, debemos centrar nuestra atención en el acuerdo que queremos cambiar y después utilizar el poder de nuestras palabras, nuestro propósito, para establecer el nuevo acuerdo de que no creeremos más en el viejo acuerdo. Si no creemos en algo, estamos de acuerdo en que no es verdad y de este modo lo desaprendemos.

Necesitamos reemplazar cada acuerdo que rompemos por uno nuevo. Si existe un acuerdo que nos hace sufrir y lo rompemos, pero no lo reemplazamos por otro que nos haga felices, el viejo acuerdo volverá a aparecer. Si apartamos nuestra fe del viejo acuerdo y la depositamos en el nuevo, entonces el viejo acuerdo habrá desaparecido para siempre y tendremos un nuevo acuerdo en el que creer.

El medio para mejorar lo máximo que podemos hacer consiste en practicar los nuevos acuerdos en nuestra vida. Una vez que hemos aprendido un nuevo acuerdo, ya no necesitamos centrar nuestra atención en él por más tiempo; se convierte en algo automático, y entonces nuestra respuesta es siempre la misma. Todos esos viejos acuerdos que tenemos y que gobiernan nuestra vida son el resultado de repetirlos una y otra vez.

Examinemos una rutina emocional como la de enfadarse. El enfado no es más que el miedo enmascarado; en algún momento de tu relación con una persona, sentiste miedo y te enfadaste. Con tu enfado conseguiste apartar a esa persona, te dejó tranquilo y así es como descubriste que enfadarse funciona. La misma situación sucedió una y otra vez hasta que acabó por convertirse en una rutina. Estableciste el acuerdo de que el enfado es necesario para sentirte seguro. Más adelante descubres que el enfado aleja a los demás incluso cuando tú no quieres que así sea, y que te encuentras solo. Tu enfado es la causa de que no le gustes a la gente, pero cuando eso ocurre ya has olvidado la razón que lo provocó. No sabes por qué el enfado se ha convertido en una reacción normal en ti o por qué cada vez que sientes miedo te enfadas.

Has repetido la misma rutina miles de veces hasta que se ha convertido en una reacción normal en ti; ahora estás condicionado a comportarte de este modo, y aquí es precisamente donde reside el desafío: en cobrar conciencia y cambiar la rutina y la acción. Como siempre, el primer paso consiste en cobrar conciencia y practicarla hasta llegar a dominarla. Sin conciencia no existe ningún medio capaz de cambiar tus elecciones ni tus acciones. Con conciencia, concentras tu atención, pones la repetición en acción y cambias tus acuerdos y tus hábitos.

La acción repetida de utilizar los Cuatro Acuerdos rompe muchos de los acuerdos que hacen que la vida resulte tan difícil y desagradable. Se necesita mucho tiempo y mucho valor porque resulta más sencillo tomarse las cosas personalmente, hacer suposiciones y reaccionar de la misma manera que siempre. Pero esto te conduce al dolor emocional, y cuando lo experimentas, reaccionas enviando veneno emocional a otras personas y aumentando el drama. Si puedes detener el drama en su mismo inicio, resuelves el problema de inmediato y entonces ya no queda nada más por hacer.

Para empezar, crea algo capaz de recordarte que debes mantener tu atención en este proceso y practicarlo una y otra vez hasta llegar a dominarlo. Una vez que empieces podrás comprobar los resultados y te será cada vez más sencillo. Con el tiempo, acabará por convertirse en un proceso automático. Cuando se haya convertido en un hábito, tu vida empezará a transformarse rápidamente y entonces tú cambiarás con la misma rapidez. Al advertir los cambios sentirás un mayor respeto por ti mismo, tu entusiasmo aumentará y la autoaceptación volverá a ocupar un lugar en tu vida.

Idea práctica para la Maestría de la Transformación. Conciencia, atención, acción y reacción

Necesitas una gran voluntad para adoptar los Cuatro Acuerdos, pero si eres capaz de empezar a vivir con ellos, tu vida se transformará de una manera asombrosa. Verás cómo el drama del infierno desaparece delante de tus mismos ojos.

Dirige tu propio drama

Piensa en un acontecimiento reciente de tu vida que te haya causado mucho dolor emocional. Ahora, intenta imaginarte este acontecimiento desde una perspectiva «distante»; es decir, trata de apartarte emocionalmente de las acciones y reacciones que forman parte de ese acontecimiento.

Una vez que hayas establecido una distancia emocional entre el acontecimiento y tú, imagínate que eres el director de un drama teatral en el que se está desarrollando la misma escena sobre un escenario. Mientras contemplas la función desde el palco, puedes observar qué parte tiene cada personaje en la obra teatral. También tienes el poder de dirigir sus acciones y reacciones de la manera que elijas.

Haz una lista de los personajes que participan en este acontecimiento. ¿Quién emprendió la acción que desató el drama en primer lugar? ¿Cuál fue la reacción?

Aquí tienes algunas preguntas adicionales que considerar:

¿Quién tuvo el papel principal en la obra?

¿Cuál fue tu papel en este drama?

¿Qué acciones llevaste a cabo?

¿Cuáles fueron las reacciones de las demás personas que participaron en esta obra?

¿Cómo reaccionaste tú frente a sus acciones?

¿Qué otras acciones emprendiste?

¿Qué resultados obtuviste?

Ahora considera la información anterior desde la perspectiva de la aplicación de los Cuatro Acuerdos:

¿Fuiste impecable con tus palabras?

¿Te tomaste algo personalmente?

¿Hiciste suposiciones?

¿Hiciste lo máximo que pudiste?

Repetición instantánea: ¿Qué hubiera ocurrido si…

hubieses sido impecable con tus palabras?

no te hubieses tomado las cosas personalmente?

no hubieses hecho suposiciones?

hubieses hecho lo máximo que hubieses podido?

¿Qué hubiera ocurrido si el resto de los personajes de este drama…

hubiesen sido impecables con sus palabras?

no se hubiesen tomado las cosas personalmente?

no hubiesen hecho suposiciones?

hubiesen hecho lo máximo que hubiesen podido?

Utiliza tu imaginación para visualizar este acontecimiento a fin de: (1) practicar la Maestría de la Conciencia para ser consciente de tu parte en el drama y (2) practicar la Maestría de la Transformación para cambiar el sueño utilizando los Cuatro Acuerdos y de este modo crear un resultado más satisfactorio.

¿Eres capaz de imaginarte a ti mismo evitando este tipo de dramas en el futuro? Si no es así, ¿por qué no?

Piensa en otra experiencia emocionalmente dolorosa y repite los pasos anteriores. Practica la transformación de estos acontecimientos en tu imaginación con los Cuatro Acuerdos como tus principios orientadores.

La próxima vez que alguna cosa amenace con sabotear tu felicidad, estarás preparado para utilizar los Cuatro Acuerdos. Con ellos transformarás tus acciones y reacciones y experimentarás un sueño completamente nuevo. Anota en tu diario todos los acontecimientos dramáticos que te acontezcan a fin de hacer el seguimiento de tu progreso.

6

Apego–Desapego

Rendirse al ángel de la muerte.

El Parásito quiere que carguemos con el pasado, y esto hace que vivir resulte muy pesado. Si intentamos vivir en el pasado, ¿cómo vamos a disfrutar del presente?

TODO LO QUE EXISTE ESTÁ EN UN PROCESO DE ETERNA transformación. Todo lo que existe en la naturaleza, toda la creación, está cambiando. La creación acontece en el momento. No tiene principio ni final; está en marcha. La energía se transforma siempre porque está viva.

La Vida es la fuerza que posibilita la transformación de la energía. La fuerza de la Vida que abre una flor es la misma fuerza que nos hace envejecer. Observa tu cuerpo y compáralo con el aspecto que tenía hace cinco años. Sigues siendo tú, pero tu cuerpo es completamente diferente. Ha cambiado.

El sueño del planeta también está cambiando, pero con mayor lentitud que el sueño personal. Incluso la materia, la estructura del sueño, está cambiando siempre. Algunas cosas cambian con tal lentitud que ni siquiera advertimos que lo están haciendo, pero en un año, o en diez, reparamos en su transformación. Los edificios que habitamos están cambiando aunque sea muy lentamente. Los árboles y las montañas también lo hacen: todo en la naturaleza está cambiando porque la Vida pasa a través de todas las cosas, y todas las cosas reaccionan ante la Vida.

Nuestro sueño personal, toda la interacción entre el sueño y el soñador, está cambiando y transformándose constantemente. Pero en la realidad virtual de nuestra mente intentamos impedir que las cosas cambien. Los seres humanos llegamos a apegarnos al sueño; nos resistimos a la transformación de la Vida.

Y este apego, esta resistencia, es la causa del dolor emocional.

Resistiéndonos a la transformación de la Vida, los seres humanos creamos la ilusión de la muerte; sufrimos por cada «pérdida» una y otra vez. Tenemos una memoria poderosa y somos testigos de nuestro propio sueño. En nuestra memoria nos apegamos al pasado, intentamos devolverlo a la vida, y en la realidad virtual, lo conseguimos.

En nuestra mente creamos una película entera que podemos repetir tan a menudo como queramos. Si cerramos los ojos y utilizamos nuestra imaginación, podemos ver la película una y otra vez de la misma manera, desde nuestro punto de vista, por supuesto, y haciendo una interpretación propia que sólo resulta verdadera para nosotros. Modificamos nuestros recuerdos y distorsionamos las imágenes; lo que recordamos no es lo que realmente ocurrió, sino la película que continuamos viendo en nuestra mente.

La Vida es lo que está ocurriendo; la muerte no es lo que está ocurriendo. Un momento después de que algo suceda ya está muerto. Cualquier cosa que nos pasara de niños, en el instituto, con los amigos, en nuestras relaciones amorosas — cualquier cosa que fuese verdad hace treinta años — ya no es verdad. Toda nuestra historia personal está muerta, pero llegamos a sentir tanto apego por ella que volvemos a traer su fantasma a nuestra mente. Cargamos con el recuerdo de toda nuestra vida sabiendo que está muerto, que ya no es verdad, y sin embargo, afecta a nuestra vida cotidiana actual. Es cierto que lo que recordamos sucedió, pero también es cierto que ahora ya no está sucediendo. Se ha desvanecido. No es real; aunque antes lo fuese, ahora ya no lo es.

En nuestro sueño, mantenemos viva a la muerte porque nos apegamos a lo que está muerto, pero la muerte no existe en realidad. Sólo existe la Vida, la creación. El pasado no es más que una ilusión. El ángel de la muerte nos enseña a vivir en el presente, que es el único momento que verdaderamente tenemos. Cuando nos resistimos a la transformación y queremos vivir en el pasado, continuamos viviendo en el presente, pero nos concentramos en un sueño pasado. Al centrar nuestra atención en un sueño pasado, la apartamos del presente, y entonces no estamos plenamente vivos.

La mitología tolteca nos dice que el ángel de la muerte está siempre a nuestro lado, preparado para llevárselo todo lejos de nosotros. Todo pertenece al ángel de la muerte. No hay nada que sea nuestro, nada que podamos conservar, incluido nuestro cuerpo. Sabiéndolo, nos rendimos al ángel de la muerte y aceptamos la transformación de la Vida.

El ángel de la muerte nos lo arrebata todo poco a poco. Pero por cada cosa que nos arrebata, la Vida nos brinda algo nuevo. Si estamos tan apegados a lo que el ángel de la muerte nos quita, entonces no recibiremos los regalos de la Vida.

Lo que los toltecas denominan «rendirse al ángel de la muerte» también puede llamarse «desapego». El desapego no significa que dejemos de amar a alguien o algo; sólo significa que aceptamos que no podemos hacer nada para detener la transformación de la Vida. El desapego es muy poderoso porque cuando aprendemos a desapegarnos, respetamos las fuerzas de la naturaleza, lo cual significa que también respetamos los cambios en nuestra propia vida.

Nacemos con la capacidad de adaptarnos a la transformación, a los cambios constantes. Cuando somos pequeños siempre vivimos en el presente; no nos preocupamos por el futuro ni nos importa el pasado. Instintivamente, dejamos ir lo que ya ha pasado y aceptamos todos los regalos que la Vida nos ofrece. Si estamos jugando con un juguete y nos aburrimos, lo abandonamos; lo dejamos en la hierba y ya no nos preocupamos más de él hasta que vuelve a captar nuestra atención. Si perdemos ese juguete y ya no está ahí, dirigimos nuestra atención hacia otro. Los niños pequeños aceptan la transformación de la vida de la misma manera que lo hacen los animales. Con la domesticación se nos enseña a tratar de vivir en el pasado y a proyectarnos en el futuro. Tras la domesticación, los seres humanos difícilmente vivimos en el presente.

Una manera de practicar la rendición al ángel de la muerte es llevar a cabo lo que yo denomino «apego-desapego». Quizás esta denominación te haga ver que es algo que puedes practicar en tu vida diaria. Cuando algo llegue a ti, apégate a ello y disfrútalo lo más intensamente que puedas. Tan pronto como pase el momento, desapégate y déjalo marchar. No es necesario prestar atención a lo que ya se ha marchado, lo que ya está muerto. Cuando tu atención está en el presente, no cargas con el peso del pasado.

Si eres capaz de dominar el apego y el desapego, mantendrás tu atención en el momento presente. Con conciencia y práctica, siempre disfrutarás de tu vida, porque prestarás el cien por ciento de tu atención a cualquier cosa que esté delante de ti. Emprenderás todas las acciones necesarias para disfrutar de tu vida y desapegarte de cualquier cosa que ya se haya marchado.

Por ejemplo, digamos que amo a una mujer profundamente, pero tan pronto como quiero poseerla, me apego a ella y no quiero dejarla marchar. Independientemente de lo que yo haga, ella es libre, y si estoy apegado, cada vez que se marche va a dolerme. Si estoy desapegado, respeto su libertad. Puede hacer todo lo que quiera, y a mí no me duele en absoluto.

Estando desapegado, también respeto mi propia libertad. Cuando esa mujer está conmigo, disfruto de su belleza y su presencia y me apego a ella. Pero cuando salgo por la puerta y ya no la veo, entonces me desapego, porque si no lo hago, me dolerá. La clave consiste en encontrar un equilibrio entre el apego y el desapego. El apego ayuda a vivir intensamente en el momento presente. Con el apego aumentas tu deseo de realizar cualquier cosa que quieras hacer, y con el desapego no tienes que sufrir por lo que no conseguiste realizar. Sencillamente lo dejas marchar.

La práctica del apego y el desapego se puede emplear con respecto a los negocios, las casas, los coches, los animales domésticos o cualquier otra cosa. Pero todavía es más importante hacerlo con respecto al conocimiento. Los seres humanos nos apegamos mucho al conocimiento. Estamos tan apegados a nuestras creencias que no queremos dejarlas marchar aun cuando sean completamente falsas. Aunque nos hagan sufrir y creen un gran drama en nuestra vida, también nos hacen sentir a salvo porque se trata de un comportamiento que conocemos muy bien.

Durante toda nuestra vida hemos cargado un cadáver con nosotros. Es lo que creemos que somos; la forma humana y todas las imágenes distorsionadas con las que nos identificamos. Está muerto y es pesado, y gobierna nuestra vida, pero no queremos dejarlo. Conocemos nuestras limitaciones, sabemos cómo sufrir, cómo reaccionar con celos o con enfado, y todo ese drama emocional nos hace sentir seguros. Como ya he dicho, dejar marchar lo que sabemos, lo que creemos, siempre provoca algo de miedo y ansiedad porque nos adentramos en un territorio desconocido.

No hay necesidad de apegarnos a nuestras creencias. Si no estamos apegados a ellas y un concepto mejor llega a nosotros, entonces podemos desvincularnos del viejo concepto, adoptar el nuevo y mejorar nuestra vida con mucha más rapidez. Podemos dejar marchar las imágenes distorsionadas con las que nos identificamos. Podemos desapegarnos de los acuerdos y las creencias que limitan la expresión de nuestra creatividad y nuestro amor. Esto libera nuestra energía para crear un nuevo sueño. Y lo que creamos es una obra maestra: nuestra propia vida.

Idea Práctica para la Maestría de la Transformación. Apego–desapego

Sí, tendrás recuerdos del Parásito — del Juez, de la Víctima y de lo que solías creer — pero el Parásito estará muerto.

Haz una lista de todo aquello por lo que sientes un fuerte apego: personas, cosas, acontecimientos, sentimientos, acuerdos y creencias. ¿Cuánta energía consumes intentando resistirte al cambio o la transformación? Si alguna vez has intentado remar en un río contra la corriente, sabrás cuánta energía se gasta. Resistirse a la transformación es gastar energía luchando contra la corriente en lugar de fluir con ella. Considera las siguientes preguntas con respecto a los distintos apartados de tu lista de apegos:

¿Cuánta energía emocional y física necesitas diariamente para mantener tus apegos?

Si pudieses asignarle un precio máximo de 1.000 dólares a cada apego, ¿cuánto te cuesta cada uno?

¿Es así como realmente quieres gastar tu energía?

¿Qué otra cosa podrías hacer con la energía que inviertes en tus apegos?

¿Estás listo para practicar el apego y el desapego con respecto a cualquiera de los apartados de tu lista de apegos? Empieza con un objeto de tu propiedad que te guste mucho y por el que sientas apego. En una escala del 1 al 10, en la que el número 1 representa el apego total y el número 10 el desapego total, ¿cómo evaluarías tu apego por este objeto?

En la escala de apego-desapego, evaluaría este objeto con un:

1...2...3...4...5...6...7...8...9...10

Si seleccionas el número 5, quizás experimentes un buen equilibrio entre el apego y el desapego. Realmente disfrutas de este objeto y te «apegas» cuando capta tu atención, pero si se estropease o se lo llevasen, podrías «desapegarte» sin lamentarte ni sufrir por ello durante semanas o años. Si el número que has seleccionado está por debajo del 5, tal vez quieras practicar un poco el desapego. Empieza por hacer una lista de las razones por las que crees que estás apegado a ese objeto.

Aquí tienes algunos ejemplos:

Me lo regaló alguien muy especial para mí.

Es único; no hay otro igual en el mundo.

Me costó mucho dinero.

Es muy antiguo e irreemplazable (una antigüedad o una pieza de coleccionista).

Ahora considera cuánta energía consumes cada mes en tu apego por este objeto. ¿Qué cantidad de atención y de energía física gastas en...

protegerlo de otras personas?
mantenerlo en perfectas condiciones?
pagar para cuidarlo o protegerlo?
preocuparte por él por la razón que sea?

Examina tus respuestas a estas preguntas. ¿Se basa tu apego a ese objeto en el miedo? Por ejemplo: miedo a perderlo porque no podrías reemplazarlo nunca; miedo a perder los buenos sentimientos que asocias o acompañan a ese objeto; miedo a no tener nunca el dinero necesario para comprarte otro igual; miedo a que si dejas de apegarte a ese objeto pueda sucederte algo terrible; miedo a tener que controlar la Vida porque no puedes confiar en ella.

Intenta recordar un momento de tu vida en el que sintieses un gran apego por algo que perdiste o te quitaron. ¿Qué te ofreció la Vida a cambio de ello? ¿Qué cualidades personales, como la compasión por los demás, desarrollaste a causa de esta experiencia?

DESAPEGARTE DE TUS CREENCIAS

Vuelve a tu Libro de la Ley para examinar la lista de los acuerdos que quieres cambiar y que se basan en el miedo. ¿Estás apegado a cualquiera de estas creencias? Si es así, ¿para qué te resultan útiles? Elegir el tipo de conocimiento al que quieres apegarte es algo que depende sólo de ti. Hazte el propósito de practicar el desapego del conocimiento que vaya en contra de ti o de cualquier otra persona. ¡Sencillamente imagínate toda la energía y el poder personal que reclamarás!

Acerca y aleja el objetivo

Piensa en un problema que te haya causado preocupaciones o sufrimiento. Imagínate que eres capaz de contemplar tu vida a través de la lente de una cámara mágica. Cuando acercas el objetivo, ves y sientes cada detalle y faceta de tu vida; cualquier cosa que forme parte de ella está enfocada en el encuadre del visor.

Imagínate que también puedes alejar el objetivo siempre que así lo decidas con el fin de contemplar una imagen más completa de tu vida. Cuando alejas el objetivo, el ajuste del foco ya no está en los detalles. Lo primero que ves es la casa en la que vives desde cientos de metros sobre el nivel del suelo. A medida que vas alejando el objetivo, observas unas vistas panorámicas que se amplían constantemente: en primer lugar, contemplas la ciudad en la que vives, después el país, después el continente, hasta que, de pronto, te encuentras contemplando la Tierra desde el espacio exterior.

Deténte durante unos instantes para considerar tu vida desde esta perspectiva. Tu vida y todos tus problemas son una pequeña partícula en la superficie de la Tierra. Todos tus sueños, deseos, esperanzas y miedos están en esa partícula sobre la Tierra. Te encuentras en medio de miles de millones de personas iguales que tú, con emociones y sueños similares. Permanece con el objetivo alejado y continúa tu viaje por el espacio interestelar hasta que veas todos los planetas del sistema solar. Sigue alejándote más y más hasta que toda la Vía Láctea sea visible desde una distancia de años luz.

¿Quién eres tú? ¿Qué eres? ¿Qué lugar ocupas en el vasto universo? ¿Por qué los seres humanos sufren por cosas tan pequeñas de la vida cuando existe un universo de belleza y maravillas que contemplar? Cuando consideramos la duración de la eternidad y de la historia entera de la humanidad, nuestra vida se acaba en una mera fracción de tiempo. ¿Cómo decidiremos emplearla? ¿En qué invertiremos nuestra energía?

Continúa alejando tu objetivo hasta que te desapegues por completo de tu problema y puedas comprender que, en el gran esquema de la Vida, resulta insignificante. Recuérdate que todo problema lleva consigo las semillas de la oportunidad de aprender, de amar, de aumentar la conciencia y de ser feliz sencillamente por el mero hecho de estar vivo.

Cuando nos apegamos a un objeto, a nuestras creencias, a una persona que amamos, es como si acercásemos el objetivo y se quedase atascado en esa posición; entonces, lo único que somos capaces de ver es la parte más pequeña de la Vida.

Sólo contemplamos nuestra propia vida, nuestros propios problemas; todas nuestras preocupaciones y todos nuestros apegos están enfocados y llenan por completo el encuadre de nuestro sueño. A medida que alejamos el objetivo, nuestros problemas representan un porcentaje cada vez menor de nuestro universo, y descubrimos que realmente no requieren una gran cantidad de atención por nuestra parte.

La próxima vez que te descubras concentrándote incesantemente en un problema, imagina que alejas el objetivo con tu cámara mágica. Aléjate de todos los detalles y centra tu atención en la imagen más amplia de tu vida. Recuerda que nada en la vida es verdaderamente serio. Imagínate que eres capaz de disfrutar de cada persona, de cada posesión material, de cada acontecimiento de tu vida como si se tratase de una experiencia mágica que continúa desplegándose.

Aleja el objetivo, aléjalo más y más en el espacio hasta que, finalmente, la cuerda que te mantiene atado a tus miedos se rompa. Tan pronto como te desapegas del miedo, te desapegas del problema, te desapegas del resultado, y eres libre.

Flotas sin ningún esfuerzo en la corriente de la Vida. Cuando no tienes miedo, no te resistes. Y cuando no ofreces resistencia, la solución a tu problema está ahí, en la Luz, y viene a ti. La solución a todos los problemas de la humanidad está en la Luz.

Estás vivo, eres libre y tienes poder. No eres una víctima de tus creencias, de tus deseos, de la sociedad ni de tus circunstancias. Participas activamente en el arte de soñar.

Tercera Parte

Vivir los Cuatro Acuerdos

7

Un diálogo con don Miguel Ruiz

Los Cuatro Acuerdos fueron creados para ayudarte en el Arte de la Transformación, para ayurdarte a romper los acuerdos limitadores, obtener un mayor poder personal y fortalecerte.

Los Cuatro Acuerdos

Pregunta: Dices que practicar los Cuatro Acuerdos es la mejor manera de transformar la vida. Si utilizamos estas herramientas y practicamos los Cuatro Acuerdos, ¿qué ocurre si hay algo que no sucede como esperábamos?

Don Miguel Ruiz: Si lo haces, sucederá. Si practicas, sucede.

Pregunta: Si seguimos los Cuatro Acuerdos, ¿qué signos nos demostrarán que estamos cambiando?

Don Miguel Ruiz: En primer lugar, advertirás cambios en tu vida personal, en la manera de sentirte contigo mismo, de juzgarte a ti mismo, de cargar con tu culpa, tu vergüenza, tu enfado, tus celos... Puedes medir tus progresos por tu propia felicidad. Si eres feliz, si te sientes bien contigo mismo, eso significa que has mejorado mucho. Puedes comprobar tu progreso cuando ya no tienes miedo a decir la verdad, cuando puedes decir: «Quiero esto en lugar de aquello», o cuando dejas de decir: «¿Por qué intentarlo siquiera? No funcionará nunca; siempre perderé».

Por supuesto, también necesitarás espejos en los que ver tu reflejo, y el mejor tipo de espejos lo proporcionan las personas que representan un desafío. Un ejemplo: tienes un problema con tu jefe en el trabajo, y aunque la situación pueda ser la misma que se ha dado ya anteriormente, ahora compruebas que reaccionas con menos drama; tu reacción al punto de vista de otras personas, al veneno que transfieren, es menor. Eres feliz en tu mundo, incluso con tu jefe.

Los retos que presenta la vida te ayudan a medir tu progreso. Si no se te presentan desafíos, ¿cómo sabrás si estás evolucionando? Lo que establece la diferencia es la acción y la reacción. No se trata de decir mentalmente: «Eso ya lo sé». ¿A quién le importa si sabes o no sabes algo? Lo más importante es emprender la acción, estar vivo, ser uno mismo.

Pregunta: La primera vez que leí *Los Cuatro Acuerdos* estaba muy entusiasmada por utilizar estos principios en mi vida. Pero ahora miro a mi alrededor y veo que la gente que me rodea vive en su propio infierno, y esto resulta desesperanzador. ¿Cómo puedo mantener mi entusiasmo cuando estoy rodeada por tantas personas que permanecen en un viejo sueño?

Don Miguel Ruiz: Si conoces los Cuatro Acuerdos, a estas alturas ya sabes que no tienes que tomarte personalmente la manera en que la gente sueña; sabes que su sueño no tiene nada que ver contigo. Pero si realmente quieres ayudar a otras personas, puedes compartir los Cuatro Acuerdos con ellas. Si conocen tu mitología personal, y están de acuerdo contigo, muy pronto compartirás con ellas esa conciencia y establecerás acuerdos para apoyarse mutuamente. Pero si carecen de conciencia, nunca intentarán cambiar, y no te concierne a ti tratar de cambiarlas.

Pregunta: ¿Existe algún sistema de creencias que no sea compatible con los Cuatro Acuerdos? Fui educado en una familia muy religiosa. ¿Necesito abandonar mi religión para seguir los Cuatro Acuerdos o existe algún medio de compaginar ambas cosas?

Don Miguel Ruiz: No importa qué religión o filosofía tengas; los Cuatro Acuerdos pueden ser aplicados por cualquier persona, en cualquier religión o filosofía del mundo. El mensajero es completamente neutro; no te ofrece una filosofía o una religión que tengas que seguir. No te dice cómo debes vivir si quieres sentirte a salvo o no quieres ser condenado. La información puede ir en muchas direcciones porque se basa en la conciencia, en el sentido común.

Puedes utilizar los Cuatro Acuerdos para que te ayuden a educar a tus hijos, a mejorar tu relación con tu pareja, tus padres o cualquier otra persona. Te ayudan a explorar y adoptar creencias alternativas, pero transformarás tu sueño a tu manera, no a la mía. Yo no estoy interesado en cambiar tus conceptos o tus creencias; eso depende de ti. Imponer nuestra voluntad sobre otras personas sólo origina más dogmas, más separación, más excusas para la guerra. No es esto lo que queremos. Queremos ser felices, queremos ser nosotros mismos, y este es un medio muy sencillo de conseguirlo.

Pregunta: Los Cuatro Acuerdos me han ayudado mucho. Me encantaría dedicarme a enseñárselos a los niños para que puedan evitar buena parte del sufrimiento que la mayoría de los adultos hemos padecido. ¿Tienes algunas ideas al respecto?

Don Miguel Ruiz: Recientemente alguien me preguntó: «Miguel, ¿por qué no trabajas con niños?», y mi respuesta fue: «Porque tienen padres». Hay que trabajar con los padres y con los profesores para que apliquen los Cuatro Acuerdos. Entonces los adultos domesticarán a los niños de un modo diferente.

En Colorado están empezando un programa que enseñará los Cuatro Acuerdos a los padres y los profesores con el objetivo de que trabajen juntos para enseñárselos a los niños. Si este programa funciona, entonces se extenderá a otras escuelas. Si domesticamos a nuestros niños con un tipo distinto de conocimiento en el hogar y en el colegio, en el futuro una nueva generación de personas controlará toda la sociedad. El sueño cambiará por completo todavía con mayor rapidez.

Creencias y acuerdos

No escogimos estas creencias, y aunque quizá nos rebelamos contra ellas, no éramos lo bastante fuertes para que nuestra rebelión triunfase. El resultado es que nos rendimos a las creencias mediante nuestro acuerdo.

Pregunta: Cuando intentamos cambiar nuestras creencias y nos decimos: «Soy guapo, soy inteligente», ¿acaso no siguen siendo creencias que sencillamente escogemos para que nos hagan sentir felices?

Don Miguel Ruiz: Cualquier cosa que creas sigue siendo una creencia. No importa si es verdad. Ser guapo o ser feo es sólo un punto de vista. Ser inteligente o tonto, capaz o incapaz, es sólo un concepto. Nada de esto es verdad. Sea como sea, es sólo un concepto, es sólo un sueño.

Lo que descubrimos es que cada acción tiene una reacción. Si me miro en el espejo y me digo: «Soy feo», eso va a hacerme sentir mal. Pero si me miro en el espejo y me digo: «Soy guapo», entonces me sentiré bien. No importa si es verdad; es sencillamente una elección. Escoges la felicidad o el sufrimiento: se trata precisamente de eso.

Respuesta: Por lo general me descubro diciéndome lo mismo una y otra vez, aunque sea algo que me hace sufrir.

Don Miguel Ruiz: Si no podemos dejar de sufrir aun cuando la mente racional dice: «No quiero sufrir», es porque no es la mente racional la que hace las elecciones; es el sistema de creencias, el programa. Uno puede intentar mentirse a sí mismo y decir: «Sí, creo que soy guapo», pero en lo más profundo de su ser cree que no lo es. Lo que hay que cambiar es la creencia: no lo que quieres creer, sino lo que realmente crees.

Lo almacenamos todo en la mente por acuerdo. Si crees sin sombra de duda que un determinado acuerdo es verdad, depositas tu fe en él. Tus acuerdos son fuertes porque los has practicado durante toda tu vida y se han convertido en algo automático, algo que ni tan siquiera piensas. La mente racional puede decir: «Lo creo», pero te está mintiendo. El único medio de romper un acuerdo es reemplazándolo por otro y practicar exactamente lo opuesto. La práctica hace al maestro.

Pregunta: Cuando rompes la estructura de tus creencias, ¿eso quiere decir que dejas de tener una estructura o que continúas construyendo un nuevo sistema de creencias?

Don Miguel Ruiz: Soy como el agua, que carece de forma. El agua adopta la forma de aquello que la contiene y yo cambio según lo que necesito en el momento. Si no necesito una estructura, entonces, igual que el agua, me adapto a lo que hay. Pero si necesito una estructura, la creo y la utilizo. Para mí, todo el conocimiento de la humanidad es mitología, y contiene una gran belleza.

El conocimiento es sólo la descripción de un sueño; es sólo una herramienta de comunicación que llevo en el bolsillo. Lo utilizo para hablar el mismo lenguaje que los demás, y casi de cualquier tema, desde deportes hasta ciencia, y para encontrar un sentido a las cosas que no lo tienen. Pero ya difícilmente empleo la mente racional para hablar conmigo mismo; sólo me abro para sentir y percibir.

Las personas que me conocen en mi vida privada saben que estoy muy callado. No hablo demasiado porque apenas tengo nada que decir. Pero si en un momento determinado tengo algo que decir, creo una estructura completa y hablo el mismo lenguaje que el resto de la gente. Sé que es una actuación; es sólo una locura controlada, pero la disfruto.

Pregunta: ¿Por qué molestarse en crear una estructura nueva, un nuevo sistema de creencias, si sólo se trata de creencias y no de lo que realmente es verdad?

Don Miguel Ruiz: Cambiar tus creencias es una elección personal. No tienes la obligación de cambiarlas, ni tampoco de cambiar tu sueño, ni de hacer nada en absoluto. Puedes vivir siempre en el drama. No tienes que dejar de sufrir, ni de enfadarte ni de sentir celos o vergüenza. No tienes que dejar de maltratarte ni de castigarte, ni tampoco resolver todas las desavenencias que tienes con las personas que amas. No tienes que dejar de ser lo que eres. Pero existe una manera mejor de hacer las cosas.

No tienes la obligación de cambiar tus creencias. Es una elección; está ahí y lo ha estado desde hace miles de años. No es nada nuevo. Buda nos enseñó a hacerlo; Jesús nos enseñó a hacerlo. Muchos otros maestros de todo el mundo han dicho lo mismo. Descubrieron una mejor manera de ser y de relacionarse con los demás y la compartieron con otras personas.

Yo nunca te diría que tienes que cambiar; sólo te digo que hay otra manera de hacer las cosas. Puedes tomarla o dejarla. Pero amar también es una elección, y esa es la cuestión; existe otra manera.

PARÁSITOS

Desde el punto de vista tolteca, todos los seres humanos domesticados están enfermos. Lo están porque existe un Parásito que controla su mente y su cerebro, y que se alimenta de las emociones negativas que provoca el miedo.

Pregunta: Siempre he creído que los Parásitos forman una parte importante de la vida. Si observo mi propia vida, no creo que el problema resida en ellos, sino más bien en mi reacción ante ellos. Estoy atascada, porque tú dices que los Parásitos son siempre negativos, pero no sé si eso es verdad.

Don Miguel Ruiz: Por definición, un Parásito es un ser vivo que vive de ti sin reportarte ningún beneficio.

Desde nuestro punto de vista podemos decir que los Parásitos son perniciosos, pero sólo se trata de nuestro punto de vista. Para ellos sólo somos alimento; no es nada personal. Esos Parásitos ven a los seres humanos como nosotros vemos a los pollos, las vacas y el fruto de los árboles. Sí, llevamos a las vacas a pastar y parece que estemos cuidando de ellas, pero las mataremos para comernos su carne. También parece que el Parásito cuide de nosotros, pero no es verdad.

La mitología tolteca denomina Parásito a un ser vivo que vive de la gente y se la come viva. Los Parásitos destruyen a las personas, y en muchos casos incluso llegan a matarlas, como ocurre con el suicidio o la adicción a las drogas. Conducen a la gente a la autodestrucción.

El conocimiento o las formas de pensamiento que no te destruyen, que te insuflan más vida en lugar de arrebatártela, ya no son Parásitos. Eso constituye una relación simbiótica, que es algo completamente diferente. Los toltecas denominan a estos seres «aliados».

En muchas tradiciones antiguas los llamaban «dioses».

En la tradición tolteca, si te enfrentas al Parásito y ganas la guerra contra él, entonces se convierte en tu aliado. Ya no te destruye, sino que te facilita lo que haces. Tienes todas esas creencias que van en contra de ti, pero si rompes el acuerdo y lo substituyes, entonces la nueva creencia facilitará tu creación, tu felicidad, tu amor. El conocimiento se convierte en tu aliado; deja de ser tu enemigo. Como he dicho anteriormente, el conocimiento no es ni bueno ni malo, ni correcto ni incorrecto; a lo que podemos llamar demonio es al Parásito que contamina el conocimiento.

Pregunta: Si estamos aquí para divertirnos y ser felices, ¿por qué no podemos disfrutar de nuestro Parásito?

Don Miguel Ruiz: Si aprendes a reírte de ti mismo, disfrutarás del Parásito, y riéndote de él, das un gran paso adelante para romper muchos acuerdos. No existe nada en el mundo entero que sea serio.

Pregunta: ¿No sería aburrido vivir sin ningún drama, sin tristeza ni sufrimiento?

Don Miguel Ruiz: ¡No! Puedes vivir un drama, sentir tristeza y tener una vida aburrida. Lo que te hace sentirte aburrido es la falta de acción. El aburrimiento no tiene nada que ver con el Parásito, que te puede mantener muy ocupado y hacerte llorar sin parar. Puedes llorar tanto que hasta llegues a aburrirte de hacerlo o puedes reírte tanto que también llegue a aburrirte. No importa si estás en el cielo o en el infierno, si no emprendes la acción, si no decides participar en la vida, te aburrirás. Crear forma parte de nuestra naturaleza. Igual que a nuestro creador, nos encanta crear, y cuando lo hacemos, no nos aburrimos.

Pregunta: ¿Acaso no vamos a sufrir de todos modos porque somos seres humanos?

Don Miguel Ruiz: En muchas ocasiones, cuando sufrimos decimos: «Bueno, es porque somos humanos».

En esta sociedad, el concepto de «humano» tiene muchas limitaciones. Es una creencia, es sólo un concepto; creemos que muchas cosas no pueden ser posibles. Los seres humanos tenemos la necesidad de saber, y sufrimos porque sabemos lo que creemos. ¿Qué creemos? Ese es el gran problema. Lo dividimos todo en una dualidad: bueno y malo, correcto e incorrecto, bello y feo. Sentimos la necesidad de que nuestras creencias sean las correctas, aun cuando no sean verdad. Saber que no somos lo que fingimos ser nos hace sufrir, avergonzarnos y rechazarnos a nosotros mismos.

El sufrimiento es un hábito, una adicción como cualquier otra, pero más poderosa. Imagínate lo difícil que resulta dejar de fumar; pues romper la adicción al sufrimiento resulta mil veces más difícil. El sufrimiento proviene de los acuerdos que creamos. Sufrimos porque conocemos nuestros acuerdos. Nos apegamos al sufrimiento porque es algo que conocemos muy bien; nos hace sentir a salvo. Para cambiar el sueño, necesitamos cambiar el acuerdo.

Pregunta: Has dicho que la verdad restaura nuestra integridad y nos libera de las mentiras que creemos, pero ¿cómo sabemos si estamos actuando en contra del Parásito o en contra de nuestra propia integridad?

Don Miguel Ruiz: Esta es la parte más engañosa, porque el sistema de creencias que rompe nuestra integridad cuenta con nuestra lealtad, y cuando vamos en contra de ese sistema de creencias, parece que estemos actuando en contra de nosotros mismos. Ver la verdad resulta extremadamente difícil, pero ver lo que no es verdad es más fácil.

Respuesta: Pero ¿cómo es posible saber cuándo te encuentras en esa posición?

Don Miguel Ruiz: Bien, en primer lugar, un par de reglas: no creas en ti y tampoco creas en los demás. Si no crees, lo que no es verdad se disolverá delante de tus mismos ojos. Sólo lo que es verdad permanecerá, porque no necesita ser creído por nadie. Además, ve a tu interior y escucha lo que dice tu cuerpo, porque él nunca te mentirá. Tu mente te hará malas jugadas, pero lo que sientes en tu corazón, en tus entrañas, es la verdad.

Pregunta: Si empezamos a utilizar la verdad con nuestros hijos, ¿podremos vacunarlos contra el Parásito?

Don Miguel Ruiz: Los niños tendrán su propio Parásito porque todos ellos serán domesticados. La domesticación no es algo malo; sólo es. Y si tú no domesticas a tus hijos, lo harán otras personas. Es mejor que los domestiques para que no crean en las opiniones de los demás y escuchen siempre su propia verdad. Cuando crezcan, esto les ayudará a luchar contra su propio Parásito.

Los niños viven su propia vida. Lo que puedes hacer es esforzarte al máximo para enseñar a tus hijos a ser responsables de sus acuerdos, y haciendo eso demostrarás tu amor por ellos.

Pregunta: Cuando hablas de los Parásitos que se alimentan de nuestras emociones negativas o de los seres humanos que utilizan la magia negra, ¿no se trata sencillamente de mitología?

Don Miguel Ruiz: Sí, es sólo mitología. En todas las culturas ha existido siempre el desafío de poner esta información en palabras. La historia de Adán y Eva y la serpiente del mal, por ejemplo, facilita la explicación de lo que ocurre cuando nos alimentamos del conocimiento. A través de esa historia podemos crear una imagen y transmitirla a otras personas. El tipo de mitología que empleamos para explicar las causas de nuestro sufrimiento depende sencillamente de cómo utilizamos nuestra imaginación.

En la tradición tolteca hablamos de los aliados. Cuando digo que los seres humanos somos los mejores brujos de magia negra porque utilizamos nuestras palabras para hechizarnos a nosotros mismos, es sólo mitología. Lo que hacemos no es realmente magia negra. La verdad es que se trata sencillamente de un proceso de acción y reacción. Aprendemos, creemos; esa es nuestra maldición.

En *Los Cuatro Acuerdos* he intentado extraer la mayor parte de la mitología y la superstición y mantener el sentido común. Los acuerdos son sólo cuatro a fin de que resulte lo más sencillo posible. Cuanto menos conocimiento utilicemos, mejor será para nosotros.

Pregunta: ¿Llegará alguna vez el día en el que la humanidad viva sin Parásitos?

Don Miguel Ruiz: No tengo la menor duda de que así será. La humanidad avanza en esa dirección. La totalidad de este enorme Parásito se transformará en un aliado y se convertirá en un nuevo sueño completo. No nos destruiremos a nosotros mismos. Eso es lo que el Parásito quiere, pero lo hemos creado nosotros, y por ese motivo, somos más poderosos que él.

Si repasas los últimos setecientos u ochocientos años de la historia de la humanidad, comprobarás de qué modo está evolucionando el sueño. La forma en que soñamos ahora es muy distinta a la forma en que soñábamos hace tan sólo cien años. Si te imaginas a ti mismo viviendo el sueño de hace ochocientos años, el que tienes ahora es, en comparación con aquél, como el cielo. Incluso comparándote a un rey, un sacerdote o un papa de aquella época, estás en el cielo.

Ahora imagínate a alguien que provenga de una civilización muy avanzada, situada setecientos u ochocientos años en el futuro, y que vea el modo en que sueñas tu vida y contemple la sociedad en la que vives. ¿Eres capaz de ver la evolución del sueño y en qué dirección avanza? Comparado con el pasado, esto es el cielo. Comparado con el futuro, esto es el infierno.

De modo que el mundo está pasando por un proceso de curación. En la interacción entre el sueño y el soñador, toda la humanidad está desarrollándose como un ser vivo. Esto sucede porque nuevos soñadores con suficiente poder envían su sueño hacia el sueño externo y empiezan a modificarlo.

Con conciencia, cambiaremos el sueño y nos libraremos del Parásito. Ya lo estamos haciendo; esa es la parte más importante. Si yo puedo hacerlo, también puedes hacerlo tú. Si tú puedes hacerlo, el mundo entero puede hacerlo. Puede suceder para todos. Lo único que tenemos que hacer es sanar al soñador: sanar nuestra importancia personal, nuestra propia mente, y ocupar nuestro lugar a nuestra manera.

Pregunta: ¿Es posible hacer algo para facilitar el proceso de curación?

Don Miguel Ruiz: Sólo tienes que ser quien realmente eres. Nuestro estado natural es el de amar y ser felices. Resulta fácil ser feliz, disfrutar de la vida, reírse de todo. Es fácil vivir siempre una aventura amorosa con la vida. No es necesario seguir ninguna tradición, no tienes que obedecer ningún dogma. No se trata de adquirir más conocimiento o más conceptos mentales; se trata de estar vivo.

La misión que tiene cualquier persona es la de ser feliz, y eso es todo. Con conciencia y acción puedes romper tu propia domesticación y vivir tu vida basándote en el amor en lugar del miedo. Con práctica, puedes convertirte en un maestro del sueño y transformar tu sueño por entero.

Pregunta: Entonces, ¿nuestra misión consiste en ser felices y no añadir veneno?

Don Miguel Ruiz: Eso es una elección. Yo tardé mucho tiempo en no añadir veneno. Necesité mucha conciencia y mucha práctica porque me había convertido en un maestro de lo contrario. Si estaba acostumbrado a diseminar veneno era porque lo había practicado. Entonces practiqué lo opuesto hasta que lo dominé a fondo. Acción-reacción: si te cortas el dedo, te duele; pero si lo mantienes limpio, no se infectará. Limpiar el cuerpo es un hábito. No tomarse nada personalmente y no hacer suposiciones también son hábitos.

Pregunta: Cuando dices «yo», ¿te refieres a tu cuerpo o a tu mente?

Don Miguel Ruiz: La respuesta es que no lo sé. Pero sé que estoy vivo y que estoy aquí. Entonces, quienquiera que esté aquí es quien ha contestado a tu pregunta.

Pregunta: Dices que tu misión es la de ser feliz, pero ¿qué haces cuando alguien a quien amas se muere, o cuando pierdes tu trabajo o la salud?

Don Miguel Ruiz: Bueno, esas cosas duelen, y mientras duelan, quizá no sea feliz. Pero que muera una persona a la que amo no lo he escogido yo; tampoco escojo perder mi trabajo. No escojo tener cáncer o la gripe, pero sucede porque este cuerpo está vivo y por esa razón puede ocurrirle cualquier cosa. Si estoy aquí, puedo ser herido por el veneno de la gente. Me pueden crucificar, disparar o apalear. Si estoy en la selva, me puede morder una serpiente o me puede devorar un tigre. Estoy aquí y estoy expuesto a la vida igual que las demás personas.

La única diferencia es que no me lo tomaré personalmente. Si puedo evitarlo, lo evitaré; no será por propia elección. Si mi madre se muere, por supuesto que eso me causará dolor. Si me corto el dedo, eso también me dolerá. Pero no lo contaminaré con veneno. No intentaré justificarlo ni culpar a nadie. No diré: «Oh, Dios mío, ¿por qué te has llevado a mi madre?». ¿Por qué preocuparse siquiera? Y si mi mujer, Dios la bendiga, me abandona, no le preguntaré: «¿Qué he hecho para que me dejes? Dame una razón». Diga lo que diga, sólo podrá ser utilizado en contra de mí mismo. No necesito entender por qué. Si se quiere marchar, que Dios la bendiga y adiós.

Sé impecable con tus palabras

Toda la magia que posees se basa en tus palabras. Según cómo las utilices, te liberarán o te esclavizarán aún más de lo que imaginas.

Pregunta: Si alguien me pregunta qué pienso sobre otra persona, y le digo la verdad, siento como si estuviese chismorreando. Si no digo la verdad, entonces le estoy mintiendo. ¿Qué debería hacer?

Don Miguel Ruiz: Sencillamente no des ninguna información. Es el mismo consejo que mi abuelo me solía dar: «No metas la nariz donde no te llaman». Sencillamente di: «No tengo ninguna opinión» o «No es asunto mío».

Pregunta: ¿Acaso ser impecable significa que siempre dices la verdad, incluso cuando eso hiera los sentimientos de otra persona? ¿Cómo puedo ser impecable sin dañar mis relaciones o herir a los demás?

Don Miguel Ruiz: Bien, también eres impecable cuando no metes la nariz donde no te llaman. No tienes el derecho de intentar cambiar el punto de vista de otras personas. No necesitas tener razón y hacer que ellas estén equivocadas por lo que tú piensas. Tienen derecho a sufrir si eso es lo que quieren hacer. En muchas ocasiones, la gente no quiere que le digas la verdad; sólo quiere que le digas lo que desea oír. Tienes que ser lo suficientemente sabia para comprender que cuando alguien te pregunta algo, está esperando una respuesta determinada. Puedes jugar al juego o no hacerlo; eso depende de ti. Pero no necesitas crearte muchos enemigos diciéndoles lo que para ti es verdad. Eso no es lo que quieren oír.

De nuevo, es sólo una cuestión de sentido común. Puedes evitar la pregunta o decir que no tienes ninguna opinión sobre ese asunto. El problema es que la gente puede cambiar tus palabras y utilizarlas para chismorrear. Muchas personas sólo quieren tu opinión para conseguir una prueba de lo que creen sobre sí mismas o sobre otra persona. Se te acercarán y te preguntarán: «¿Qué opinas tú? ¿Qué piensas sobre esto o aquello?», y puedes darles tu sincera opinión, pero la cambiarán. Y dirán que fuiste tú quien dijo eso y te involucrarán en el chismorreo.

Eso me recuerda otra cosa que mi abuelo solía decirme: «Cuando sepas que vas a cometer una equivocación, cierra la boca; y si ya la has cometido, ciérrala todavía con más fuerza». Ni tan siquiera intentes arreglarlo; sólo conseguirás empeorar las cosas porque la gente cambiará todo lo que digas.

En ocasiones das información a tus amigos porque confías en ellos y crees que son leales. Quizá se trate de tu mejor amiga y tú te pongas a chismorrear y le digas lo que sientes sobre ti misma y sobre otras personas, suponiendo que no se lo contará a nadie. Y tal vez sea cierto, hasta que deja de ser tu amiga. Si sucede algo y ella se siente herida o enfadada y rompe la amistad, una manera que tendrá de desquitarse contigo será chismorrear sobre la información que le diste. Algo que tienes que aprender sobre el chismorreo es que empieza por ti. No chismorrees sobre ti misma.

Pregunta: Si tengo una relación con una persona que no es demasiado sociable o que no quiere comunicarse conmigo, ¿cómo puedo establecer una buena comunicación?

Don Miguel Ruiz: Si alguien no quiere escucharte, ¿por qué ibas a querer tú perder tu tiempo intentando hablar con esa persona? Si quiere oír lo que tú tienes que decir, intentará prestarte atención para comprenderte. Pero si no quiere, ¿por qué tienes que molestarte en perder tu tiempo con esa persona? No es realmente tu problema.

Una cosa que solía enseñar a mis aprendices era a practicar la comunicación con una pared. Una pared no reacciona, y no esperas que comprenda lo que le estás intentando decir. Buscas muchas maneras de decir lo mismo, y practicando de esta manera, tu habilidad para la comunicación mejora. Entonces, si para ti es realmente importante que una persona te comprenda, buscarás todas las maneras distintas de comunicar lo que quieres decir. Y si esa persona no te entiende, eso no dependerá de ti. Hiciste lo máximo que pudiste; no tienes que preocuparte más.

Respuesta: De acuerdo, pero ¿y si alguien tiene la voluntad de comunicarse pero no sabe expresar sus sentimientos? ¿Puedo hacer algo para ayudarle a comunicarse?

Don Miguel Ruiz: Bueno, sencillamente hazle saber que tiene toda tu atención, que estás dispuesta a escucharle y a comunicarte. Puedes invitarle a comunicarse, pero no puedes forzarle a hacerlo. Si esa persona es muy importante para ti — si se trata de tu hijo, tu madre, tu pareja, tu hermana, de alguien cuya presencia no es posible evitar — entonces puedes estar disponible para comunicarte con ella. Pero si esa persona no quiere comunicarse, sencillamente acéptala tal como es. Y si se trata de alguien con quien no necesitas tener una relación, entonces no la tengas, porque cuando no hay comunicación no resulta demasiado divertido.

Pregunta: Cuando alguien está chismorreando, ¿cuál es la manera más delicada de conseguir que deje de hacerlo?

Don Miguel Ruiz: La mejor manera de detener el chismorreo de otras personas es no reaccionar a sus chismes. Si reaccionas, las animas a chismorrear todavía más. Si no reaccionas y ven que no te afecta, en un momento determinado dejarán de hacerlo. Si no aceptas el veneno que envían, ese veneno no te afectará.

Pregunta: Me resulta difícil saber cómo decirles a mis amigos y compañeros de trabajo que ya no quiero chismorrear más. He intentado llegar a un acuerdo con mi mejor amiga para no chismorrear, pero ella sigue haciéndolo. ¿Cómo puedo mantener mi acuerdo de no chismorrear sin parecer arrogante y perder a mis amigos?

Don Miguel Ruiz: Mientras estás rompiendo tus acuerdos, tratarás con personas que no están implicadas en ese proceso y no podrás controlarlas. Su comportamiento es el resultado de sus creencias y sus heridas. Lo que hagan no depende de ti; ellas no son tu problema, no son asunto tuyo. Lo único que puedes hacer es trabajar para cambiar tus propios acuerdos y los que haces con otras personas. Estos últimos tienen dos caras y cada una de las personas es responsable sólo de su mitad. Cuando haces un acuerdo con otra persona y esta lo rompe, si quieres mantener la relación con ella necesitarás establecer uno nuevo. Si pretendes que el acuerdo siga en funcionamiento, te mentirás a ti misma.

Si esa persona no cumple su palabra, depende de ti permanecer a su lado o no, según tu integridad personal.

Pregunta: Si estoy hablando con una amiga sobre otra persona que ambas conocemos, ¿significa eso que estoy chismorreando aunque no esté diciendo nada malo sobre esa persona?

Don Miguel Ruiz: El chismorreo puede hacerse con buena intención, con mala intención o sin ninguna intención. Pero aun cuando la persona que inicia el chismorreo no tenga mala intención, la que recibe la información puede cambiarla y añadirle una mala intención. Quienquiera que tenga la información la digiere y después la cambia según su propia percepción.

Cualquier cosa que digas a la gente puede ser utilizada por su Parásito. Este cambiará y manipulará la información que des según su punto de vista. Por esa razón es mejor no chismorrear en absoluto.

Pregunta: ¿Qué ocurre si intentas vivir siendo impecable con tus palabras y tienes una hija que, a causa de la sociedad, de sus amigos o del colegio, va por el camino opuesto? Por supuesto, quiero que mi hija sea impecable con sus palabras. ¿Qué harías tú al respecto?

Don Miguel Ruiz: Dado que amo a mis hijos, quiero que sean lo que van a ser.

Respuesta: ¿Aunque no sean felices?

Don Miguel Ruiz: Su felicidad no depende de mí; depende de ellos. No es mi amor lo que les hará felices, sino su propio amor.

Pregunta: El amor por uno mismo me resulta un concepto difícil de comprender. ¿Por dónde puedo empezar?

Don Miguel Ruiz: Empieza por aceptarte tal como eres ahora mismo, aun cuando sepas que no eres perfecta según tu imagen de la perfección. Siempre resulta más fácil empezar por la propia aceptación.

Cuando descubrí que estaba mentalmente enfermo, que tenía un Parásito en la cabeza, por supuesto me rebelé contra él, pero me acepté tal como soy: un ángel con un Parásito. Ahora veo que estar enfermo está bien. No está mal. Una enfermedad mental es como cualquier otra enfermedad: no te juzgarás por tener la gripe. Tenemos una enfermedad provocada por un Parásito que reside en nuestra cabeza. No te lo tomas personalmente, claro. Pero una vez que sabes que existe el Parásito, quieres sanarte. Quieres curarte de la gripe no porque creas que eres mala por tenerla. No eres culpable por tenerla. Lo único que pasa es que no quieres tenerla.

Si no te aceptas a ti misma, realmente te estás rechazando. Entonces, como suponemos que la gente cree lo que nosotros creemos y siente lo que nosotros sentimos, también suponemos que la gente nos rechazará por las mismas razones por las que nosotros lo hacemos.

Antes de que otras personas puedan rechazarnos, nosotros mismos nos rechazamos. Una vez que te aceptas a ti misma, también supones que los demás te aceptarán tal como eres. Bastará con que te aceptes a ti misma para romper el ciclo entero de la acción y la reacción.

Pregunta: Siempre que empiezo a pensar en mejorarme a mí mismo me confundo, porque entonces no me estoy aceptando exactamente tal como soy. ¿Cómo puedo aceptarme exactamente como soy y de todos modos intentar ser mejor?

Don Miguel Ruiz: Puedes ser consciente de que quieres mejorarte a ti mismo, pero no porque pienses que no eres lo bastante bueno. Puedes mejorarte a ti mismo sin rechazarte.

Digamos que no eres consciente de tus reacciones emocionales desde hace mucho tiempo. Después, por cualquier razón, finalmente cobras conciencia de ellas. Antes, solías juzgarte y castigarte por tener esas reacciones. Ahora que eres consciente de ellas descubres que eran tu manera de practicar para ser tú mismo. Pero saber eso no significa que vayas a dejar de tener esas reacciones. Tan pronto como te aceptas a ti mismo, aun cuando tengas esas reacciones, ya no te juzgarás como lo hacías antes. Es como magia: si te aceptas a ti mismo tal como eres, con tus reacciones, dejas de juzgarte o de sentirte culpable por tenerlas. Si no te sientes culpable, no te castigarás. No añadirás más drama a tus reacciones. Tan pronto como te aceptes a ti mismo, las cosas empezarán a mejorar de inmediato. Sólo con haber cobrado conciencia y no juzgarte a ti mismo ya has mejorado.

Si nos juzgamos porque tenemos un Parásito, le estamos dando un poder mayor. Recuerda, el Parásito es muy inteligente; hace una propuesta y él mismo la acepta. Cuando sea descubierto dirá: «Ya no quiero tener más al Parásito. Deshagámonos de él». Y estaremos de acuerdo con él. ¿Comprendes en qué consiste la trampa? El Parásito es a la vez el que está hablando y el que está escuchando. Dice: «De acuerdo, rebelémonos», y nosotros decimos: «Voy a ser un gran guerrero espiritual». Más adelante el Parásito dirá: «¿Qué tipo de guerrero soy? Todavía me tomo las cosas personalmente, todavía hago suposiciones». Esto sucede porque el Parásito hace una propuesta y él mismo está de acuerdo con ella.

Es el Parásito quien piensa, piensa y piensa. ¿Dónde estás tú? La serpiente del Árbol del Conocimiento es realmente un genio. Se ha apoderado de todos nosotros. Una vez que nos aceptamos a nosotros mismos — de acuerdo, tenemos un Parásito — no hay problema. No jugamos el juego del Parásito. Aprendemos a controlar nuestras emociones, y cuando lo hacemos, dejamos de alimentar al Parásito.

El único modo de controlar nuestras emociones es aceptarnos tal como somos. Cuando aprendemos a reírnos de nosotros mismos, empezamos a comportarnos de un modo inesperado para el Parásito. Por supuesto, él intentará proponer un acuerdo y aceptar que nos riamos de nosotros mismos. Esa es la razón por la que los toltecas nos enseñan a ser cazadores, a ser conscientes de lo que el Parásito está haciendo. Dado que nos está dando caza siempre, debemos aprender a darle caza a él.

NO TE TOMES NADA PERSONALMENTE

Todos vivimos en nuestro propio sueño, en nuestra propia mente; los demás están en un mundo completamente distinto de aquel en que vive cada uno de nosotros. Incluso cuando una situación parece muy personal, incluso cuando alguien te insulta directamente, eso no tiene nada que ver contigo.

Pregunta: El segundo acuerdo («No te tomes nada personalmente») es el que realmente quiero dominar en mi vida, pero no veo cómo una crítica que me haga alguien puede no ser personal. Si una amiga o mi jefe me dice algo que realmente hiere mis sentimientos, ¿cómo puedes decir que esto no es personal o que no tiene nada que ver conmigo?

Don Miguel Ruiz: Quiero que te imagines que un día te despiertas en la Francia o la Italia de hace setecientos u ochocientos años. Comprenderás la lengua muy bien, pero contemplarás esa sociedad desde el punto de vista que tienes ahora mismo, con todo lo que sabes, con todas las creencias que tienes sobre ti misma, la sociedad, la ciencia, la psicología, la sociología, absolutamente todo.

Quiero que te imagines de qué modo se trataba la gente en Francia o en Italia durante la Edad Media. Imagínate lo que creían sobre todas las cosas: la religión, la muerte, la ciencia, la medicina... Había gente que no se bañaba en meses porque era pecado. Imagínate los juicios morales de esa sociedad: lo que era correcto, lo que era incorrecto, lo que creían que era correcto e incorrecto. Imagínate lo que significaría ser una mujer con la mentalidad actual en aquella época. Si iniciaras una relación romántica, ¿cómo te comportarías en esa relación? Ponte en ese lugar sólo por un instante.

¿Qué harías cuando la gente de esa sociedad empezara a juzgarte? Podrías convertirte en la mayor maestra de esa sociedad, podrías ser un gran ángel o una gran mensajera para esa gente y quizá te matasen por tus creencias. Si supieses que podrían matarte por tus creencias, ¿cómo tratarías con esas personas?

Sabiendo lo que sabes y sabiendo cuáles son sus creencias, el modo en que sueñan, ¿realmente harías suposiciones? ¿De verdad te tomarías personalmente lo que te dijeran, sus creencias, su modo de juzgarte? ¿Te sentirías emocionalmente herida por los juicios que hicieran sobre ti cuando sabes cómo sueñan? Es ridículo incluso pensar que te los tomarías personalmente o que te sentirías emocionalmente herida porque te juzgaran.

Respuesta: Bueno, supongo que eso es verdad, pero también comprendería que esa gente tiene una visión del mundo distinta.

Don Miguel Ruiz: Toda la gente que conoces tiene una visión del mundo distinta, incluso ahora. Imagínate a tu jefe en el trabajo con esas creencias de hace ochocientos años. Con la manera de pensar que tienes ahora, ni siquiera sufrirías porque, montase la pataleta que montase tu jefe, no te afectaría. Resultaría divertido. Por supuesto, te abstendrías de reírte porque eso podría tener consecuencias fatales. Reírse de los sacerdotes hace ochocientos años significaba la muerte. Entonces, uno tenía que aprender a no reírse de ellos.

Ahora ocurre lo mismo. Sencillamente, la gente tiene opiniones diferentes. ¿Sabes?, el comportamiento del Parásito de los demás resulta divertido. Créeme, si no fuese tan dramático a la vez, podría reírme. Una de las cosas que siempre sugiero es aprender a reírse de uno mismo. Si aprendes a reírte de ti misma cada vez que tu Parásito o el de otra persona te atrapa, entonces, en lugar de juzgarte o de juzgar a esa persona, te divertirás mucho. Por supuesto, cuando tratas con gente que está enferma, la reflejarás, eso es todo. Pero será divertido ver todas las reacciones de tu Parásito.

Respuesta: De acuerdo. Ahora lo entiendo. De todos modos, cuando alguien me esté humillando o me esté gritando, será un desafío pensar que resulta divertido.

Don Miguel Ruiz: Muchas de las cosas más divertidas que ocurren en nuestra vida no parecen divertidas cuando nos están sucediendo. Más tarde podemos reírnos, pero mientras ocurren estamos poseídos por el Parásito, lo que significa que nuestra enfermedad mental está pasando por una crisis.

Cuando el enfado surge y nos sorprende, la presencia del Parásito es obvia por la crisis, pero aun cuando no sintamos que está ahí, eso no significa que nuestra mente se haya sanado. Quizá no tengamos una crisis en estos mismos momentos, pero el Parásito está ahí, esperando a que llegue el momento de hacer su aparición. Aparece cuando tenemos una crisis, y entonces puede manifestarse de muy distintas maneras, pero nos parecemos a la niña poseída por los demonios de la película *El exorcista.*

Cuando me desperté del sueño del planeta, lo que descubrí es que todas las personas que me rodeaban estaban poseídas igual que la niña que aparecía en la película. Pero sin saberlo, porque ese es su comportamiento normal. La gente está poseída y resulta sorprendente ver lo que la posee. El Parásito está viviendo su vida. El gran Parásito está hecho de esos diminutos y minúsculos Parásitos que se alimentan de nuestras emociones negativas. Yo los denomino «comedores de basura» porque, en mi opinión, eso es lo que comen.

La próxima vez que te sientas enfadada, celosa o triste, pon un espejo delante de tu cara y contempla tu expresión; compara tu cara con la de la niña de la película. ¿Quién está detrás de esa cara? No hay nada que temer; no necesitas ponerte a implorar de inmediato. Has estado así toda tu vida y eso no te ha destruido. El Parásito ya ha hecho todo lo posible por destruirte, de modo que no puede ser peor que eso, sólo mejor. Sencillamente recuerda esto: cada vez que veas a un ser humano enfadado, cada vez que veas la envidia o los celos de alguien, recuerda que está poseído. No es nada personal.

Pregunta: Hago lo máximo que puedo para no tomarme nada personalmente. Comprendo que no se trata de mí, pero cuando la gente me critica o me dice algo hiriente, continúo sintiéndome fatal. ¿Qué es lo que hago mal?

Don Miguel Ruiz: No estás haciendo nada mal. Te sientes así porque crees lo que los demás te dicen, porque alineas tus creencias con ello. Lo que alguien te dice sólo te afectará si te lo crees.

Imagínate que eres un niño y cometes una pequeña equivocación que irrita a tu padre. Ni siquiera sabes en qué te has equivocado, pero tu padre está enfadado y te dice: «Eres un niño estúpido; deberías sentirte avergonzado de ti mismo». Estás de acuerdo con tu padre y pones tu fe en ese acuerdo; lo crees en un cien por ciento, sin la menor duda.

Creces y ahora te dices: «Soy inteligente; no es verdad que sea un estúpido». Pero cuando alguien se te acerca y te dice: «Lo que hiciste fue una estupidez; deberías avergonzarte de ti mismo», reaccionas de inmediato con enfado porque crees lo que esa persona te ha dicho. Conservas ese conocimiento en tu cabeza, el acuerdo de que es verdad que eres estúpido. Más tarde, cuando alguien toca esa pequeña astilla, reaccionas sintiendo un gran dolor emocional. Pero si no te crees lo que te dice, no reaccionarás. Te reirás.

Si crees que eres una persona valiosa y alguien te dice: «No te mereces eso», no te afectará porque no le creerás. Tu acuerdo es que eres una persona valiosa, de modo que sólo te reirás y dirás: «Oh, claro», pero no te lo creerás. Y por lo tanto, no te afectará.

No hagas suposiciones

Tendemos a hacer suposiciones sobre todo. El problema es que, al hacerlo, creemos que lo que suponemos es cierto. Hacemos una suposición, comprendemos las cosas mal, nos lo tomamos personalmente y acabamos haciendo un gran drama de nada.

Pregunta: ¿Cómo deja de hacer suposiciones una persona? Mi mente se pone en marcha y empieza a pensar todas esas cosas, y después sufro incesantemente sin ninguna buena razón.

Don Miguel Ruiz: El problema es que piensas demasiado. Eres demasiado lista. Piensas, piensas y piensas. Tu mente es como un caballo salvaje que te lleva adonde desee llevarte. No tienes ningún control sobre todos esos pensamientos, sobre todas esas suposiciones: no sólo sobre una suposición, sino sobre todo un universo de suposiciones. Piensas demasiado. ¿Por qué necesitas pensar? Algo que les enseño a mis aprendices es a convertirse en maestros del pensamiento.

Para mí, el pensamiento es una herramienta para la comunicación. Paso horas y horas sin pensar, pero no porque sea un estúpido. No pienso porque no tengo necesidad de hacerlo. Lo que sé, lo sé. Estoy lleno de conocimiento, pero ¿por qué necesito pensar en lo que sé? Pensar, pensar y pensar: ¿Qué está haciendo ella? ¿Qué está haciendo él? ¿Qué hay de esto? ¿Qué hay de aquello? ¿Y si ocurre esto qué? ¿Y si ocurre aquello qué?

Sólo pensar «¿y si...?» crea un gran drama en nuestra vida. Cada ser humano puede pensar mucho, y el pensamiento provoca mucho miedo. Son las dos de la madrugada y todavía estás pensando, pensando y pensando. Necesitas domar al caballo y aprender a montarlo. El caballo tiene que obedecerte y llevarte adondequiera que tú desees ir.

¿Sabes?, existe una manera de pensar impecable. Si tienes un problema, es el momento de pensar. Una vez que hayas decidido cómo resolverlo, es el momento de dejar de pensar y emprender la acción. Ahora que conoces la solución, ya está. Pero ¿adivinas qué? Tienes un problema, piensas en la solución y no dejas de pensar. Sigues pensando y encuentras otra solución, pero aun así no dejas de pensar. Sigues pensando y encuentras una nueva solución.

Si sólo tienes una solución, dispones de todo el poder de tu propósito y entonces puedes resolver el problema. Si tienes dos soluciones, divides tu propósito en dos. Tres soluciones: ya estás perdiendo poder. Pronto te sientes confundida y tienes que pensar cuál de todas las soluciones es la mejor. Cuando estás confundida, te sientes incapaz y necesitas que otra persona te diga qué hacer. Hacer suposiciones es algo que está totalmente relacionado con el pensamiento. Para no hacerlas, bastará con que dejes de pensar. Necesitas aprender a domar al caballo.

Pregunta: Mi pregunta tiene que ver con el conocimiento y las suposiciones. Lo que me pregunto es si las voces que oigo en mi cabeza, y que tú llamas «conocimiento», son lo mismo que las suposiciones.

Don Miguel Ruiz: ¿Qué es una suposición?

Respuesta: En mi caso es pensar que sé, de modo que es conocimiento. De acuerdo, ya me has contestado.

Don Miguel Ruiz: Podemos dividirlo todo en lo que sabemos, que es lo conocido, lo que no sabemos, que es lo desconocido, y lo que nunca sabremos, que es lo inescrutable. Sólo sabemos lo que sabemos: nuestro conocimiento. Sólo conocemos la información que hemos acumulado en nuestra mente por acuerdo. Conocemos toda la realidad que percibimos, conocemos nuestro sueño, conocemos nuestro punto de vista.

Lo desconocido es otro asunto. ¿Ves a la mujer que está sentada a tu lado? Creas una imagen y la proyectas en ella. Lo único que sabes de ella es lo que tú proyectas, y para ti, eso es lo conocido. Pero lo que ella tiene en su mente es desconocido. Puedes suponer que sabes lo que tiene en su mente. Puedes suponer que conoces a tus hijos, a tu padre, a tu madre o incluso a tu perro, pero no los conoces. Sólo conoces lo que crees de ellos, y eso solamente es cierto para ti y para nadie más, porque se trata de tu sueño. La verdad es que nunca los conocerás. Apenas te conoces a ti mismo, pero pretendes que conoces a otras personas.

Sólo conoces lo que tu conocimiento te dice. Sólo conoces los juicios que puedes hacer sobre los demás, tus interpretaciones, tu punto de vista personal. No sabes lo que otras personas sienten, lo que piensan, lo que creen, lo que sueñan. Y supones que ellas creen lo que tú crees, que sienten lo que tú sientes, que ven el mundo de la misma manera que tú. Lo que te controla es el conocimiento.

Como he dicho anteriormente, si controlamos el conocimiento, este se convierte en un instrumento para la comunicación. No hacemos suposiciones, sino que preguntamos, y al hacerlo, otras personas nos dicen qué hay en su mundo. Entonces sabremos en qué consiste su sueño, porque se comunicarán. Es así de sencillo. No hay razón para hacer suposiciones, pero también sabemos que lo que los demás nos digan será lo que ellos saben. No significa que sea verdad.

Respuesta: Ahora realmente veo de qué modo hacer suposiciones puede dar lugar a muchos malentendidos entre la gente.

Don Miguel Ruiz: Incluso si no hacemos suposiciones, resulta fácil ver por qué los seres humanos apenas nos comprendemos los unos a los otros. Transmitimos una imagen distorsionada de nosotros mismos, porque se trata sólo de lo que queremos proyectar; entonces los demás perciben la imagen distorsionada que les enviamos y todavía la distorsionan más con sus propias creencias. Es así de sencillo. Así es como soñamos los seres humanos; así es como nos relacionamos los unos con los otros. Los demás nos proyectan la imagen de su sueño y nosotros la distorsionamos según lo que queramos creer. Tenemos que hacer que todo lo que percibimos se ajuste a lo que ya creemos, sólo para estar seguros de que lo que creemos es verdad. Esa es la razón por la cual estamos más interesados en captar la atención de otras personas para proyectar nuestro punto de vista que en escuchar lo que los demás nos quieran decir.

Haz siempre lo máximo que puedas

En tus estados de ánimo cotidianos, lo máximo que podrás hacer cambiará de un momento a otro, de una hora a otra, de un día a otro. También cambiará con el tiempo. A medida que vayas adquiriendo el hábito de los cuatro nuevos acuerdos, tu rendimiento será mejor de lo que solía ser.

Pregunta: Siempre intento hacer lo máximo que puedo, pero ¿qué debería hacer cuando alguien me pide que haga algo que no quiero hacer o que estoy demasiado cansada para hacer? ¿Cómo hacer lo máximo que puedo cuando estoy agotada o sencillamente necesito tiempo para mí? Me siento como si siempre estuviera decepcionándome a mí misma o a los demás.

Don Miguel Ruiz: En primer lugar, tienes que ser sincera contigo misma y ver si quieres hacer lo que alguien te ha pedido que hagas. Si no quieres hacerlo y puedes negarte, sencillamente sé sincera y encuentra la manera más fácil de decir: «No lo haré». En ocasiones, por supuesto, esto no es posible. Quizá tengas un contrato con alguien, o sientas que tienes que hacerlo porque sabes que se trata de algo que te va a ayudar en la vida.

Entonces, en lugar de creer que no quieres hacerlo, está en tus manos cambiar la creencia, crear un deseo y hacerlo. Utiliza tu razón, tu conocimiento, para hablar contigo misma y decirte: «Sí, quiero hacerlo», y dite por qué razón es bueno para ti hacerlo, aun cuando realmente no lo quieras hacer. En ese momento harás lo máximo que puedas, pero en primer lugar tienes que cambiar de opinión, cambiar la acción, porque hagas lo que hagas, habrá una reacción.

Si hay algo que no te gusta hacer y evitarlo sólo originará un problema mayor, entonces no estás siendo realmente impecable. Si tienes un problema, aunque no quieras enfrentarte a él, siempre es mejor plantarle cara, sea lo que sea, y hacer lo máximo que puedas. Una vez que has hecho eso, ya no tienes que preocuparte más de él.

Pregunta: Me he pasado la vida cuidando de otras personas. Decidí ponerme a mí en primer lugar y atender algunas de mis propias necesidades. Tan pronto como tomé esta decisión, el Juez apareció y me dijo: «No, no, no. Estás siendo egoísta; deberías estar ocupándote de los demás». Bueno, así es como he vivido siempre y me he sentido totalmente vacía.

Don Miguel Ruiz: Las personas que están cerca de ti están acostumbradas a que las ayudes y te sacrifiques a ti misma por ellas. Pueden pedirte cualquier cosa que deseen y saben que lo harás por ellas. Bien, ¿qué sucede el día en que dejas de hacer eso? Esas personas te dicen que eres egoísta. ¿Quién es realmente egoísta? ¿Lo eres tú, la mártir, o lo es la persona que se aprovecha de ti?

Ya no necesitas cuidar de otras personas, pero *tú crees* que sí; es uno de los acuerdos que tienes contigo misma.

Puedes romper ese acuerdo haciendo exactamente lo contrario. Practicando lo opuesto, también desaparecerán muchos otros acuerdos que limitan tu libertad.

Pregunta: He estado haciendo lo máximo que he podido para mejorar mi vida, pero cada vez que empiezo a progresar y a sentirme más feliz, vuelvo a caer en mis viejos hábitos. ¿Por qué resulta tan difícil?

Don Miguel Ruiz: Porque crees en lo que conoces sin ninguna duda, y aquello en lo que crees es lo que gobierna tu vida. La gente cree por completo en lo que cree que es. Esa es la razón por la cual vive de la manera en que vive. Si crees que eres un perdedor, ¿qué es lo que va a ocurrirte? Pues que se *hará tu voluntad*. Tu mente racional puede decir: «Quiero ser rico» o «Quiero estar sano», pero lo que tú crees no está en tu raciocinio, sino en tu Libro de la Ley, y tu fe está atrapada dentro de ese libro.

Pongamos que cuando eras niño tu madre te dijo: «Nunca aprenderás a bailar». Si estás de acuerdo con ella, entonces ya está: nunca aprenderás a bailar. Incluso si tu mente racional te dice: «No sé por qué no puedo aprender a bailar», eso es una prueba de que realmente crees que no eres capaz de hacerlo. Si crees que no eres bueno en los deportes, entonces no eres bueno en los deportes. Si crees que no eres guapo, entonces ya está: no te sientes guapo. Esas creencias son los Parásitos, y te están comiendo vivo. Los seres humanos somos exactamente lo que creemos que somos porque tenemos una fe total en lo que creemos. Ponemos esa fe en nuestras palabras y las utilizamos de una manera equivocada: en contra de nosotros mismos.

....

Pregunta: Siempre he intentado hacer lo máximo que he podido en todo lo que he hecho, pero, tras leer *Los Cuatro Acuerdos,* comprendí que lo hago porque busco la aprobación de los demás. Entonces, si no recibo su aprobación, me siento estafada, o si mi marido me hace un comentario crítico, me desanimo y me pregunto: «¿De qué me sirve?». ¿Podrías decirme algo al respecto?

Don Miguel Ruiz: Durante nuestra domesticación, uno de los acuerdos más importantes que establecemos es la necesidad de aprobación, y el resultado de ese acuerdo es sorprendente. A causa de esa necesidad de aprobación, una opinión puede elevarnos o destruirnos completamente. Buscar la aprobación se convierte en un importante hábito, y así es como el sueño externo aumenta su poder sobre los seres humanos y nos manipula como a marionetas. Tenemos que preguntar a los demás su opinión: «¿Qué aspecto tengo? ¿He hablado bien? ¿Cómo estoy conduciendo? ¿Lo estoy haciendo bien?».

Necesitamos el apoyo y la aceptación de los demás; necesitamos ser lo suficientemente buenos para otras personas. Incluso necesitamos que alguien nos necesite a fin de sentir que tenemos una razón para vivir. Lo que la gente piensa sobre nosotros es tan importante que intentamos complacer a todo el mundo y nos dejamos a nosotros mismos para el final.

Hacer lo máximo que puedas no significa que intentes ser lo suficientemente buena para otra persona.

La verdad es que nunca serás lo suficientemente buena para otra persona. La verdad es que, con todos tus acuerdos, tampoco serás nunca lo suficientemente buena para ti misma. No importa lo que hagas, nunca estará bien. Puedes intentar hacer incluso más que lo máximo que puedas, pero podrías matarte en tu intento de ser la mejor. Lo máximo que puedes hacer nunca es suficiente porque estableciste todos esos acuerdos con el Juez en tu mente. Y el acuerdo con tu Víctima es tal, que aun cuando intentes hacer lo máximo que puedas, no eres suficientemente buena, no eres suficientemente fuerte, no eres suficientemente inteligente. No hay esperanza. Nunca complacerás al Juez que vive en tu mente porque es muy estricto, muy fuerte y muy abusivo.

Sólo existe un medio para silenciar la voz del Juez y consiste en establecer nuevos acuerdos con nosotros mismos. Si vamos a tener acuerdos, tengamos unos que nos hagan felices.

8

Historias verdaderas de conciencia y transformación

En este capítulo, personas que han aplicado los Cuatro Acuerdos nos cuentan sus experiencias.

SÉ IMPECABLE CON TUS PALABRAS

Romper el acuerdo de chismorrear en el trabajo

A mí me ha resultado difícil abandonar el hábito de chismorrear, especialmente en el trabajo. Siempre he utilizado el chismorreo como un medio para que los demás me incluyan en sus conversaciones. Cuando alguien chismorreaba sobre un jefe de departamento o un compañero, automáticamente me creía el chisme y juzgaba a esa persona basándome en lo que había oído de ella, más que en mi propia experiencia.

Tras leer *Los Cuatro Acuerdos*, me recordé a mí misma no creer lo que oigo cuando otras personas chismorrean. Principalmente me aseguro de no difundir ningún chisme. Dejo que acabe en mí y se desvanezca sin creer que sea verdad. Me concentro en compartir el amor de una forma imperceptible en lugar de intentar sentirme mejor conmigo misma chismorreando sobre los demás.

No más malas noticias

Estuve casada con un hombre que siempre traía malas noticias al final de cada jornada. No importaba que se tratase de malas noticias personales o generales; las echaba sobre mí. Yo pensaba que debía ser una buena esposa, y estuve de acuerdo en que mi obligación era recibir esa basura verbal. Entonces todavía no lo sabía, pero toda esa basura que había acordado recibir me estaba envenenando lentamente. Más adelante nos divorciamos, pero seguimos siendo buenos amigos. A lo largo de los años continuó trayéndome sus cotilleos, pero tras leer Los Cuatro Acuerdos, supe que había llegado el momento de que respetase el Primer Acuerdo. En un gran acto de poder personal, le dije a mi ex marido que ya no estaba dispuesta a aceptar la basura que me traía. Le dije que si podía encontrar otra forma de comunicarse sobre el mundo, le escucharía con placer, pero que ya no quería recibir más veneno. Actualmente no hablamos demasiado, pero yo siento mucho más respeto por mí misma y soy más feliz.

Ser impecable

El Primer Acuerdo me inspiró a observar mis pensamientos. Cada vez que sentía el impulso de hablar, prestaba atención a la necesidad que se escondía tras las palabras. A menudo se trataba de la necesidad de llamar la atención, de obtener la aprobación de alguien o de demostrarle lo que sabía. Resultó un proceso doloroso, porque de repente pude ver que a menudo no era impecable con mis palabras.

Ser impecable con mis palabras me ha enseñado a comunicarme con amor y respeto por mí mismo. He aprendido a dejar de chismorrear, tanto sobre los demás como sobre mí. Si tengo un mal día, digo: «Tengo un mal día», pero no lo estropeo más exagerando las cosas. Si alguien que está cerca de mí tiene un mal día, no me lo tomo personalmente y hago lo máximo que puedo para ser impecable con mis palabras, aunque me sienta herido por lo que esa persona me haya dicho.

Ser impecable con mis palabras me ha abierto muchas puertas. He aprendido a expresar mi propia verdad sin todo el drama que antes solía crear. Esto me permite comunicarme de una manera más profunda y significativa en mis relaciones personales y profesionales.

Utilizar las palabras con los niños

El Primer Acuerdo (*Sé impecable con tus palabras*) me está ayudando a ser un mejor padre. Soy más consciente de la importancia de comunicarme impecablemente con mis hijos. Una mañana, me sentía frustrado y le grité a mi hija porque estaba tardando mucho tiempo en vestirse. De inmediato comprendí que no había sido impecable con mis palabras por mi propio miedo a llegar tarde. Luego le compré flores y le pedí disculpas por mis duras palabras; le dije que tenía un mal día. Me sentí bien compartiendo mis sentimientos con ella de una manera respetuosa.

Utilizar las palabras para juzgar

El Primer Acuerdo me hizo comprender cuánto tiempo había desperdiciado juzgándome a mí mismo o a otras personas. ¡Mi vida es un eterno juicio! Estoy tan decidido a reclamar el control de esa parte de mi mente que simplemente está siguiendo un programa, que he empezado a seguirles la pista a mis pensamientos poniendo la alarma del reloj para que suene cada veinte minutos. Cuando oigo la alarma, tomo nota de mis pensamientos: ¿Estoy juzgando? Llevo conmigo una libreta para anotar los pensamientos que tengo a lo largo del día.

Cuando acaba la jornada, miro la lista de pensamientos y me pregunto: «¿Es esto lo que quiero pensar?».

Esta sencilla técnica me ayuda a cobrar conciencia de mis pensamientos y a cambiar la manera en que utilizo mis palabras. También me ayuda a ver si los pensamientos que tengo son verdaderamente míos o si sólo se trata del programa inconsciente que está funcionando.

El diálogo interior constructivo

Una mañana, cuando pasé por delante de un espejo, me volví, me sonreí a mí misma y me dije: «Hoy estás preciosa. Te quiero». Esto significó un cambio muy profundo en mi vida. Hasta ese día, siempre que me miraba en el espejo me decía: «Estoy gorda. El peinado no me ha quedado bien hoy. ¡Mi cutis está horrible!». Descubrirme finalmente diciéndome algo positivo a mí misma constituyó un enorme triunfo.

No te tomes nada personalmente

Sanar la relación madre-hija

He estado inmersa en una pelea con mi madre durante casi toda mi vida. La he juzgado, la he rechazado basándome en esos juicios y la he utilizado para convertirme en una víctima. Un día, cuando estaba leyendo *Los Cuatro Acuerdos,* empecé a darme cuenta de que juzgando a mi madre y utilizando el poder de mis palabras en su contra no sólo la estaba castigando a ella, sino que también me estaba castigando a mí misma.

Quería aplicar los Cuatro Acuerdos en la relación con mi madre, de modo que empecé a escuchar cuidadosamente lo que ella me decía. En lugar de reaccionar de inmediato, como solía hacer, sencillamente advertía cuándo decía cosas que desencadenaban una reacción en mí. Descubrí que si no me tomaba lo que decía personalmente, era capaz de ver mi propio sueño con mayor claridad. Empecé a escuchar en mi interior las voces críticas que reflejaban su voz. Cobré mayor conciencia de las veces en las que me trataba a mí misma con crueldad y falta de respeto. Al responsabilizarme de mis propios juicios, lentamente empecé a liberar a mi madre de la función de ser el blanco de mis pensamientos abusivos. Me permití empezar a creer que realmente mi madre hacía lo máximo que podía.

La relación con mi madre ha cambiado profundamente. No se ha sanado por completo, pero ahora la veo a través de unos ojos más llenos de amor que de juicio y con un corazón que no necesita protegerse de ella. Hago lo máximo que puedo cada vez que estoy con ella. Unos días son mejores que otros, pero mientras recuerde los Cuatro Acuerdos y los aplique a cada situación, sé que avanzo hacia el tipo de vida que quiero vivir.

No tomarnos personalmente a nosotros mismos

Me encontraba soñando despierto cuando advertí que había partes de mi mente que funcionaban sin mí. Estaba fascinado por todas las voces que oía en mi cerebro. Prestaba atención a un pensamiento, pero este enseguida cambiaba, ¡y yo no podía darme cuenta de lo que la voz había estado diciendo!

Hasta ese momento, siempre había creído que era yo quien estaba pensando. Empecé a comprender a qué se refiere el doctor Miguel Ruiz cuando habla del Parásito. El Parásito piensa sin mí, y me ha estado engañando todo este tiempo haciéndome creer que era yo quien lo hacía. Capta mi atención y la mayor parte del tiempo el parloteo se centra en una miríada de cosas que podrían irme mal en la vida.

Tras leer *Los Cuatro Acuerdos,* he hecho un par de agujeros en la creencia de que el Parásito es mi verdadero yo. Mi trabajo consiste en agrandar esos agujeros más y más cada día hasta que sean lo bastante grandes para poder acceder a mi yo real. Ahora me resulta mucho más fácil no tomarme ni siquiera mis propios pensamientos y sentimientos personalmente, porque nueve de cada diez veces no son yo.

El Juez y la Víctima en el trabajo

Tuve una jefa que era muy crítica. No importaba lo que yo hiciera, siempre le encontraba algún fallo y le parecía esencial corregirme con un gran cinismo. Realmente tuve que hacer un gran esfuerzo para soportar esa situación. Iba a trabajar y me preguntaba: «¿Por qué permito que alguien me maltrate de este modo?».

Estaba dispuesto a dejar mi trabajo cuando leí *Los Cuatro Acuerdos.* Lo que más me llamó la atención fueron las expresiones «guerrero espiritual» y «la disciplina de ser nosotros mismos, sea lo que sea». Decidí utilizar la situación para convertirme en un mejor «guerrero» y empecé a comprometerme a hacer siempre lo máximo que pudiera.

Durante los dos meses siguientes descubrí que constantemente temía ser juzgado. En realidad, esto es lo que había permitido a mi jefa juzgarme; yo estaba desempeñando el papel de la Víctima y ella el del Juez. Continué reaccionando a sus juicios, y de alguna manera, la situación incluso me resultaba más difícil, porque ahora era muy consciente de mis reacciones. Me enfadaba o me sentía traicionado cada vez que criticaba mi trabajo.

Un día mi jefa me dijo algo, y de repente, el sueño se rompió en mil pedazos. Lo que vi fue a una mujer que era ferozmente crítica consigo misma. Cuando finalmente comprendí que ella estaba viviendo en su propio sueño y yo en el mío, todo cambió para mí. En su sueño, las críticas que se hacía a sí misma la llevaban a criticarme a mí, pero eso no tenía nada que ver conmigo. En ese momento, sentí compasión por ella y nunca más me tomé personalmente nada de lo que me dijo.

Siempre que me criticaba, yo examinaba mi trabajo y decidía por mí mismo si había hecho lo máximo que podía. Aun cuando hubiese cometido un error, si sabía que había hecho lo máximo que podía, lo corregía y seguía con mi trabajo. Antes, mi Juez siempre estaba de acuerdo con su Juez, y me pasaba el día aporreándome emocionalmente.

Trabajé en esa oficina un año más, y aunque mi jefa todavía podía ser muy crítica, empezó a cambiar. ¡Comenzó a alabar mi trabajo! Al tener compasión por su Juez y «jubilar» a mi Víctima, nuestra relación se transformó. ¡Lo único que tuve que hacer fue cambiar mis acuerdos!

NO HAGAS SUPOSICIONES

Hacer suposiciones en casa

Un incidente menor con una nueva compañera de apartamento me enseñó lo problemático que resulta hacer suposiciones. Durante el verano acordamos poner en marcha el aire acondicionado sólo cuando estuviésemos en casa. Durante tres días seguidos llegué a casa y me encontré con que mi compañera se había marchado y el aire acondicionado estaba en marcha y a plena potencia. Por supuesto, supuse que ella lo había dejado encendido. Al tercer día estaba furiosa y planeaba pedirle que se mudara. Me imaginé que me enfrentaba a ella y que tenía que buscar a otra compañera de apartamento. Me preocupaba la posibilidad de perder el apartamento si no encontraba a otra persona para compartir el alquiler.

Más tarde, mi novio descubrió que el aire acondicionado había sido programado por los anteriores inquilinos para encenderse a una hora determinada. Me sentí muy estúpida por haber culpado a mi compañera de apartamento. Había hecho una suposición, y sin cuestionarla, me había puesto a mí misma en una situación de agitación emocional durante muchas horas. Si hubiese hecho una simple pregunta, me hubiera evitado mucho sufrimiento.

Hacer suposiciones en el trabajo

Hace un mes mi jefe me llamó para que fuese a su despacho. No tenía la menor idea de lo que quería y de inmediato mi mente pensó en la propuesta relativa a un proyecto que acababa de escribir para él. ¿Y si no le había gustado? El final lo había escrito con prisas, seguro que había cometido algún error. Realmente no había hecho lo máximo que podía en esa propuesta. Si me despedía, ¿qué le diría a mi familia? Tal vez el asunto tenía que ver con ese nuevo empleado; quizá mi jefe quería reemplazarme. El parloteo continuó incesantemente. En lugar de esperar para descubrir lo que quería mi jefe, creé cien posibles acontecimientos desastrosos en mi mente. Al final resultó que quería felicitarme por el esfuerzo adicional que había realizado para entregarle la propuesta a tiempo.

Hacer suposiciones sobre nosotros mismos

Mi amiga Anna y yo tendemos a hacer suposiciones muy diferentes sobre nosotras mismas. Yo tiendo a sobrestimarme. Constantemente acepto nuevos proyectos asumiendo que puedo «encajarlos» en mi vida y acabo decepcionando a la gente. Mi amiga tiende a subvalorarse a sí misma. Es una artista muy capaz, pero a menudo rechaza proyectos porque supone que no tiene la destreza que se requiere.

Ahora, antes de aceptar un nuevo proyecto llamo a Anna y discutimos si se trata de un proyecto demasiado grande. Ella me llama cuando le piden que haga algo que no está segura de saber manejar. Nos ayudamos mutuamente a hacer las preguntas significativas que nos permiten tomar decisiones claras en lugar de decisiones basadas en suposiciones.

Hacer suposiciones sobre una discapacidad

Nací sin antebrazos y con unas manos pequeñas que me salen justo por debajo de los codos. Para mí, aprender a no tomarme nada personalmente y a no hacer suposiciones constituyó una verdadera revolución en mi vida.

Me educaron para creer que mi discapacidad física no tenía que ser una limitación, pero hasta que leí *Los Cuatro Acuerdos* no comprendí cuántas elecciones había hecho basándome en suposiciones y por haberme tomado personalmente lo que otras personas habían hecho o dicho.

Hacía mucho tiempo que tenía dificultades económicas, pues vivía de mi pensión por discapacidad e iba a la universidad. Me pregunté: «Si no hiciese la suposición de que estoy limitado para algunas cosas, ¿qué querría hacer?». Sabía en lo más profundo de mi corazón que quería ser económicamente independiente, pero siempre había supuesto que eso era imposible. Ahora estoy estudiando para ser contador. He dejado de tomarme personalmente las creencias de otras personas sobre tener una discapacidad. Sé que se trata de su sueño. En el mío hay un potencial ilimitado. Antes solía hacer la suposición de que muchas puertas estaban cerradas para mí. Ahora hago lo máximo que puedo en cada momento, sin esperar ser rechazado.

Haz siempre lo máximo que puedas

Emprender la acción porque quieres hacerlo

Como gerente de un restaurante, tenía que ser el primero en acudir al trabajo por la mañana para abrir las puertas. Cada mañana salía a toda velocidad de casa, conducía a través del denso tráfico, frustrado porque era tarde, y llegaba unos segundos antes de que llegase el resto del personal. A veces no conseguía llegar a tiempo y mi Juez realmente se me echaba encima. Sabía que no estaba haciendo lo máximo que podía. Mis elecciones estaban generando mucha ansiedad en mi vida, pero detestaba la idea de levantarme más temprano.

Un día me pregunté: «¿Cómo hacer lo máximo que pueda en esta situación?». Decidí establecer un nuevo acuerdo conmigo mismo para levantarme una hora antes. Desde ese día, he disfrutado realmente del tiempo que paso conduciendo hasta el trabajo. Llego media hora antes y preparo café para el personal. Cuando llegan me encuentran relajado y contento de verlos. Hacer lo máximo que podía ha sido un gran regalo que me he hecho a mí mismo.

Hacer lo máximo que puedas: ni más ni menos

«Haz siempre lo máximo que puedas» es mi acuerdo favorito. Soy una perfeccionista y tiendo a hacer demasiado. Siempre había creído que hacer lo máximo que podía significaba rendir un 110 por ciento en todo momento. Por esta razón, me sentía agotada y a menudo resentida. Corría de una tarea a otra, temerosa de no estar haciendo lo suficiente. Ahora hago lo máximo que puedo, ni más ni menos. He reducido el ritmo y me tomo el tiempo necesario para saborear mi trabajo y mis relaciones. ¡La vida resulta mucho más placentera!

Sin culpa ni reproches

Hacer siempre lo máximo que puedo me ha ayudado a mantener al Juez a raya. Lo único que tengo que hacer es preguntarme a mí mismo: «¿Realmente me he esforzado al mejor?». Si la respuesta es que sí, el Juez no puede decir mucho más. Mi Juez es severo, pero incluso él sabe que una persona sólo puede hacer lo máximo que puede. Si cometo errores, hago todo lo posible por corregirlos, pero si hago lo máximo que puedo, entonces tengo menos errores por corregir.

Los Cuatro Acuerdos en la oficina

Uno de nuestros directores hablaba constantemente de los Cuatro Acuerdos y nos animó a probarlos. De modo que un grupo formado por unos cuantos de nosotros decidimos ver qué ocurriría si acordásemos no chismorrear y no hacer suposiciones. ¡Cuando disminuyó el chismorreo en la oficina, también lo hizo el drama! La gente empezó a hacer preguntas para clarificar cualquier comunicación que no había resultado suficientemente clara. Dejamos de hacer la suposición de que alguien se ocuparía de las cosas que tenían que hacerse o de que nadie nos ayudaría si estábamos agobiados. Al utilizar los Cuatro Acuerdos en equipo, nos recordábamos los unos a los otros que debíamos mantener la conciencia, y de este modo aumentó la productividad de todos. ¡Los Cuatro Acuerdos han transformado por completo nuestro ambiente laboral!

Nuevos acuerdos que salvan una relación que se desmorona

Devoré Los Cuatro Acuerdos en una tarde, y cuando mi marido llegó a casa no podía dejar de hablarle sobre el libro. Al día siguiente escuchó una cinta de casete con el texto del libro mientras se dirigía en coche al trabajo. Cuando regresó a casa hablamos, quizá por primera vez en nuestra vida. Hablamos sobre de qué modo nos habíamos estado tomando personalmente los comentarios que hacíamos el uno del otro; sobre todas las suposiciones que ambos habíamos hecho respecto al otro, y principalmente sobre el hecho de que no éramos impecables con nuestras palabras.

Le había estado hablando a mi marido como a un enemigo. Él había estado pensando en mí como si fuese su enemiga, y por esa razón, había empezado a protegerse de mí. Tomamos la decisión de mantener los Cuatro Acuerdos vivos en nosotros mismos y en la relación. Ahora mi marido ya no es mi enemigo, sino mi aliado. Mantener estos Cuatro Acuerdos transformó nuestra vida de conflictos para convertirla en una vida de compañerismo. También le dejé el libro a una mujer que trabaja en un refugio para desamparados y se emocionó al descubrir que el personal del refugio devoraba el libro igual que hice yo. Un día me llamó cuando estaba en medio de un gran drama, totalmente absorta en lo que otras personas habían dicho, y bastó con preguntarle: «¿Por qué te lo tomas personalmente?» para que el drama desapareciese en un segundo.

Mi hermana estaba poniendo fin a veintiséis años de matrimonio y se encontraba sumergida por completo en un gran melodrama. Le envié *Los Cuatro Acuerdos* y tras leer el libro una sola vez, su relación se transformó, se llenó de respeto y compasión, y la disolución de su matrimonio fue amigable.

He aprendido que cuando experimento un dolor emocional nunca es a causa de otra persona. No es por mi pareja, mis hijos, mis padres, mis amigos o el vendedor de la tienda de comestibles. Es siempre y sólo por mí. Lo que las personas hagan o piensen no tiene que ver conmigo; siempre tiene que ver con ellas. ¡Qué gran alivio!

La domesticación de los seres humanos

Los seres humanos somos domesticados de la misma manera en que se adiestra a un perro o a cualquier otro animal: mediante un sistema de premios y castigos. En la domesticación humana, la información del sueño externo se transfiere al sueño interno, y de este modo se crea todo nuestro sistema de creencias y se nos enseña a comportarnos como seres humanos.

La imagen de la perfección

Durante el proceso de domesticación, nos formamos una imagen mental de la perfección con el fin de complacer a los demás y tratar de ser lo suficientemente buenos para ellos. Pero bajo ese punto de vista nunca somos perfectos, de modo que empezamos a rechazarnos a nosotros mismos. La imagen de la perfección es la razón por la cual nos maltratamos a nosotros mismos y rechazamos nuestra propia humanidad. También juzgamos a los demás según nuestra imagen de la perfección, y naturalmente nunca alcanzan nuestras expectativas.

La importancia personal

Durante el período de domesticación, aprendimos a pensar que éramos responsables de todo: «Yo, yo, siempre yo». La importancia personal, o dicho de otra manera, el hecho de tomarse las cosas personalmente, es la máxima expresión del egoísmo, porque consideramos que todo gira a nuestro alrededor.

El Juez

El Juez interior utiliza lo que está en nuestro Libro de la Ley para juzgar todo lo que hacemos, todo lo que pensamos y todo lo que sentimos. Cada vez que hacemos algo que va contra el Libro de la Ley, el Juez dice que somos culpables, que deberíamos sentirnos avergonzados y que necesitamos un castigo.

El Libro de la Ley

De la misma forma que el gobierno tiene un código legal que dirige el sueño de la sociedad, nuestro sistema de creencias es el Libro de la Ley que gobierna nuestra vida. Cualquier cosa que esté en nuestro Libro de la Ley es nuestra verdad suprema. Basamos todos nuestros juicios en él, aun cuando vayan en contra de nuestra propia naturaleza interior.

El mitote

Los toltecas utilizan este término para referirse a la condición de la mente humana. Podemos comparar el mitote con un enorme mercado en el que miles de personas hablan a la vez y nadie entiende a nadie. Es también como una bruma que nos impide ver la verdad.

El Parásito

Los toltecas comparan al Juez, a la Víctima y al sistema de creencias con un Parásito que invade la mente del ser humano. El Parásito es un ser vivo hecho de energía psíquica o emocional. También puede compararse a un programa que sueña en nuestra mente y vive en nuestro cuerpo. Desde el punto de vista tolteca, todos los seres humanos domesticados están enfermos. Lo están porque un Parásito se alimenta de las emociones que provienen del miedo y el sufrimiento.

Soñar

Soñar es la función principal de la mente, y la mente sueña veinticuatro horas al día. Cuando el cerebro está despierto, hay un marco físico que nos hace percibir las cosas de una forma lineal; cuando dormimos, no tenemos ese marco y el sueño tiende a cambiar constantemente.

El sueño del planeta

El sueño de la sociedad o sueño del planeta es el sueño colectivo hecho de miles de millones de sueños personales que, unidos, crean un sueño de una familia, de una comunidad, de una ciudad, de un país, y finalmente, de toda la humanidad. El sueño del planeta incluye todas las reglas de la sociedad, sus creencias, leyes, religiones, gobiernos, escuelas y costumbres sociales. En este sueño resulta normal que los seres humanos suframos; el miedo constituye una parte importante de él.

La Víctima

La Víctima es la parte de nuestra mente que recibe las críticas y carga con la culpa, el reproche y la vergüenza. El Juez decreta y la Víctima sufre la culpa y el castigo. La Víctima siempre se lamenta y dice: «¡Pobre de mí!», porque experimenta una profunda sensación de injusticia: no importa lo que haga para complacer al Juez, nunca será suficientemente bueno.

Don Miguel Ruiz es un maestro de la escuela tolteca de tradición mística. Durante más de una década ha trabajado para impartir la sabiduría de sus ancestros a sus alumnos y aprendices guiándoles hacia su libertad personal.

Si desea recibir más información,
visite nuestra página en el Web en:
www.miguelruiz.com

Janet Mills es directora literaria y editora de Amber-Allen Publishing. Es autora de *The Power of a Woman* [*El poder de una mujer*] y *Free of Dieting Forever* [*Libre de dietas para siempre*], y realizó la revisión de estilo del libro *The Seven Spiritual Laws of Success* [*Las siete leyes espirituales del éxito*] de Deepak Chopra, un éxito de ventas internacional con más de dos millones de ejemplares publicados.

Amber-Allen Publishing tambien le ofrece

por don Miguel Ruiz

Los Cuatro Acuerdos

La Maestría del Amor

Oraciones: Una Comunión con Nuestro Creador

por Deepak Chopra

Las Siete Leyes Espirituales del Éxito

El Camino de la Abundancia

Para obtener una lista completa de nuestros libros y cintas, llame gratis al (800) 624-8855

Amber-Allen Publishing

P. O. Box 6657

San Rafael, California 94903

Teléfono: (415) 499-4657

Fax (415) 499-3174

Visite nuestra página en el Web en:

www.amberallen.com